# 그림책
# 놀이수업의
# 기적

✱ 안내하기

1. 이 책에 나오는 아이 이름은 대부분 가명을 사용했습니다.
2. 제시된 사진과 책 속 수업 장면은 일치하지 않는 경우가 많습니다.
3. 책에 나오는 그림책 놀이수업은 대구남덕초등학교에서 진행하였습니다.

# 그림책 놀이수업의 기적

초판 1쇄 발행 _ 2020년 10월 30일
초판 4쇄 발행 _ 2022년 10월 5일

지은이 _ 이인희
펴낸이 _ 유경희
펴낸곳 _ 애플씨드북스
편 집 _ 디자인캠프
디자인 _ 디자인캠프

출판등록 _ 2017년 11월 14일 제 2017-000131호
주   소 _ 서울특별시 송파구 법원로 127 대명벨리온 408호
전   화 _ 070-4870-3000    팩 스 _ 02-597-4795    이메일 _ ryu4111@nate.com
홈페이지 _ www.appleseedbooks.co.kr
인스타그램 _ @appleseed_books

ISBN _ 979-11-969215-4-5 (13370)

책값은 뒤표지에 있습니다.

---

**애플씨드 북스 소개**

사과 속의 씨는 누구나 볼 수 있지만 씨 속의 사과는 아무나 볼 수 없습니다.
애플씨드북스는 미국 전역에 사과씨를 심으며 개척과 희망의 상징이 된 쟈니 애플씨드를 모티브로 탄생하였습니다. 책으로 세상에 선한 영향력을 심겠습니다.

좋은 **습관**, 좋은 **관계**, 행복한 **배움**

# 그림책 놀이수업의 기적

이인희 지음

애플씨드북스

**추천의 글**

아이들은 놀이를 좋아합니다. 인정받고 싶어 합니다. 누군가 마음을 알아주면 너무 좋아서 마음을 엽니다. 좋은 수업을 느낄 줄도 압니다. 이런 수업을 만났습니다. 그림책을 읽으며 이야기를 나누고, 즐겁게 놀이를 하면서 마음을 엽니다. 가볍게 놀다가 금세 마음을 엽니다. 쑤욱 이야기로 빠져듭니다. 아이를 사랑하는 선생님이 책으로 아이들 마음을 토닥거리는 수업입니다.

그림책 수업을 하는 교사가 많아졌습니다. 그림책으로 수업한 책도 많이 나옵니다. 그런데 그림책으로 놀이하면서 수업한 책은 드뭅니다. 재미있는 놀이가 아이들 마음을 열어, 아이들이 또 수업하자고 조릅니다. 새로운 그림책 수업을 소개하는 책입니다. 읽어보세요. 재미있고 따뜻할 겁니다.

권일한 (책벌레교사 《선생님의 숨바꼭질》 외 저서 다수)

작가는 작품을 창작할 때에 한 가지 의미를 생각한다. 그렇게 만들어진 작품은 많은 독자들과 만나면서 수없이 많은 의미로 다시 태어난다. 이 책은 그림책을 읽을 때 우리가 어떤 방식으로 의미를 만들어 가면 좋을지를 알려준다. 또 교사 입장에서 학생들에게 그림책 작품의 의미를 어떻게 내면화 시켜 줄지에 대해 지침을 안내해준다. 나아가 그림책을 함께 읽으며 아이들에게 인성의 기틀을 마련해주고, 꿈과 희망을 품게 해주고, 자신을 돌아보며 세상을 바라볼 수 있는 안목을 갖게 한다. 이인희 선생님의 글은 아이들에게 희망을 전해주는 힘이 있다.

김대조 (동화작가, 《우리 반 스파이》외 저서 다수)

이인희 선생님께서는 책이 아이들에게 친구가 되도록 다정하게 다가가십니다. 자연스레 책을 벗 삼아 노는 습관이 들어 책 읽는 즐거움을 알아가는 것이 그림책 놀이수업의 목표가 아닐까 싶습니다. 이 책에는 아이들에게 책을 놀이 상대로 선사하는 선생님의 아이디어가 담뿍 들어 있어요. 저는 그림책 놀이수업이 그리울 때면 이 책을 등대 삼아 수업을 진행해 보려고 합니다. 책과 놀이의 속성, 두 마리 토끼를 잡고 싶은 분이라면 즐겁게 읽으실 거예요. 그나저나 아이들은 이인희 선생님의 수업을 듣는 게 행운이라는 걸 알까요. 알고 있겠죠? 수업에 가장 엄격한 건 바로 아이들이니까요.

김원아 (동화작가, 《나는 3학년 2반 7번 애벌레》 저자)

놀이는 아이를 아이답게 만들어 주고, 좋은 질문은 사고를 확장시킨다. 그럼 질문과 놀이와 그림책이 만나면 어떤 일이 벌어질까? 이인희 선생님은 이 세 가지를 멋지게 엮어 아이들을 재미난 세계로 안내한다. 책으로 놀며 소통하는 사이 아이들은 어느새 긍정적인 태도를 기르고, 꿈과 비전에 대해 고민하며, 우정과 사랑의 소중함에 대해서 몸소 깨달아 간다. 이 책을 옆에 펼쳐놓고 '오늘은 어떤 책으로 아이들과 놀아볼까?' 하는 생각만으로도 벅차오른다. 그림책 놀이수업을 통해 아이들이 책에 빠져들 수 있는 또 하나의 길을 열어주신 이인희 선생님께 감사드린다.

최원일 (작가, 《초등독서법》 저자)

학습연구년으로 쉬던 해, 돌아올 생각을 하니 "심난하죠?"라고 그에게 물으니 "형님, 저는 빨리 학교로 돌아가고 싶어요. 아이들 만날 생각에 가슴이 뛰어요." 천상 선생인 인희샘은 올해의 스승상을 받았고, 놀랍게도 꿈이었다며 상금 천만 원을 에티오피아 우물파기에 기부해 다시 나를 놀라게 했다.

'놀이가 수업이다'라는 비전을 함께하는 귀한 인희샘의 책을 통해 '놀이'에서 '셀프리더십'으로, 또 여기에 '그림책을 활용한 놀이수업까지'……꼼꼼한 지도안과 실천이 담긴 놀이가 가득하다! 책놀이로만 알고 펼쳤는데, 아이들 삶의 태도, 비전, 우정, 공부…… 하다못해 '인사 지도'까지 다 담겨 있다. 그냥 잔소리가 아니라 그림책을 통해 질문하고 생각을 깨치게 하는 귀한 책, 저를 포함한 많은 분들이 든든한 힘을 얻게 될 것 같아 더욱 기쁘다.

허승환 (꿀잼교육 연구소 대표, 서울강일초교사)

## 프롤로그

"우리는 아침에 책 안 읽어요."

5학년 담임이 되었습니다. 아침에 책을 읽자고 하니 거부합니다. 아이들 말에 당황했지만 한편 이해가 되었습니다. 학교에서 아침에 책을 읽은 적이 없었는데, 어느 날 뜬금없이 아침마다 책을 읽자고 하니 아이들도 당황스러웠겠지요.

강제로 하면 잠깐은 책을 읽겠지만 길게 보면 효과가 없습니다. 우리 반만 책을 읽으면 괜히 옆 반과 비교하며 오히려 불만을 표현할 겁니다. 그래서 5학년 전체 회의를 했습니다. 아침마다 10분 독서를 하면 일주일에 한 번씩 자유 체육 한 시간을 주겠다고 제안했습니다. 열띤 토의를 거쳐 아침 독서 10분 안건이 통과되었습니다.

아침 시간 아이들이 읽고 싶은 책을 읽게 했습니다. 그다음에 《꽃들에게 희망을》, 《샬롯의 거미줄》을 아이들 숫자만큼 산 후 아침 독서 시간에 함께 읽고, 국어 수업과 연결하여 토의했습니다. 책에 흥미를 잃은 아이에게 추천하면 좋은 책을 고민하다가 자녀에게 읽어준 그림책이 떠올랐습니다. 아이에게 그림책을 추천하고, 한 번씩 읽어주었는데 반응이 좋았습니다.

이듬해에 수석 교사가 되어 전교생과 그림책 수업을 했습니다. 그림책 놀이 수업의 효과는 놀라웠습니다. 그림책 수업이 끝나는 날에는 아이들이 유독 제가 수업한 책을 찾습니다. 시간이 지나자 그림책이 동화

책으로 바뀌고, 《데미안》과 《코스모스》를 읽는 아이도 생깁니다. 쉬는 시간에 운동장 야외 의자에 앉아 책을 읽는 아이도 보입니다.

책을 좋아하는 아이들을 위해 뭔가 하고 싶었습니다. 그래서 일주일에 한 번 새벽 독서 동아리를 만들었습니다. 아무도 참여하지 않을 거라는 주위의 걱정도 있었지만 여덟 아이가 스스로 참여했습니다. 여덟 명으로 시작한 새벽 독서가 붐을 일으켜, 이듬해에는 무려 30명이 모였습니다. 고학년의 30%가 책을 읽기 위하여 도서관을 밝혔습니다. 선생님들이 작은 기적이라고 불렀습니다. 새벽 독서 하는 날, 나보다 먼저 도착해 도서관 복도에서 책을 보는 아이를 만났습니다. 도서관을 가득 채워 독서 토론 하는 아이들을 보며 코끝이 찡해지고 가슴이 먹먹해졌습니다.

아이들과 책을 읽고 생각을 나누고 글을 썼습니다. 같이 문학기행을 다니고, 떡볶이를 사 먹고, 책 나들이도 했습니다. 아이들의 삶이 담긴 글은 대회에서 상을 가져다주었습니다. 기행문, 시, 독후감상문 대회에서 받는 상이 해가 갈수록 늘었습니다.

지금 생각해보니 기쁨의 시작은 그림책 놀이수업이었습니다. 그림책 놀이수업을 통해 아이들은 책에 흥미를 가졌습니다. 수업하는 날이면 아이들은 환호성을 질렀습니다. 언제 다시 수업하는지 물어보았습니다. 1학년 아이들도 6교시까지 수업하자고 졸랐습니다.

저는 수업하기 전에 그림책에 어울리는 질문과 놀이를 준비합니다. 수업할 때 아이들에게 던지는 질문은 학년과 반마다 조금씩 달라집니다. 저학년은 고학년에 비해 구체적으로 질문해야 합니다. 질문의 개수도 줄입니다. 수업 시간 던진 질문에 아이들의 반응이 다르면, 질문 내용도 바뀝니다. 제 계획대로 한 수업보다, 아이들 질문을 따라 자연스럽게 흘러간 수업이 더 큰 감동을 주었습니다.

그림책을 통하여 우정, 사랑, 긍정, 꿈, 습관, 시간, 독서와 같은 주제를 토론하며 서로 배웠습니다. 살아있는 수업 속에서 기쁨과 슬픔을 충만히 느낀 저는 행복한 교사입니다.

"수석님은 세상 모든 것이 다 좋아 보이지요?"란 이야기를 종종 듣습니다. 하지만 저도 고집 센 초등학생 시절이 있었고, 열등감에 사로잡힌 중학교 시절이 있었습니다. 고등학교 때는 친한 친구에게 세상을 너무 부정적으로 보지 말라는 소리도 들었습니다. 이런 아픈 기억을 간직하고 있기에 사람을 좀처럼 포기하지 않습니다. 누구나 포기하지 않고 진심으로 믿으면 언젠가 자기만의 빛을 찾기 마련입니다. 교사는 외롭고 힘들게 살아온 아이 결을 이해해야 합니다. 그래야 그 아이가 행복해지는 방법이 보입니다.

아이들과 그림책으로 행복한 만남을 꿈꾸는 분을 생각하며 이 책을 썼습니다. 이 책이 아이들 일상에 스며들어, 사람과 자연을 사랑하는 리더로 성장하는데 작은 밑거름이 되면 좋겠습니다.

놀며, 배우며, 성장하는 행복한 삶이 아이들 앞에 펼쳐지길 진심으로 기원합니다.

## 차례

추천의 글 • 4
프롤로그 • 7

# 1장. 긍정 태도 가지기

01 틀려도 괜찮을까? / 틀려도 괜찮아 / • 16
02 나와 생각이 다른 친구를 어떻게 대할까?
   / 반이나 차 있을까 반밖에 없을까 / • 25
03 아침에 일어나 나에게 하고 싶은 말은? / 난 내가 좋아 / • 34
04 날마다 하는 일 중 행복한 것은? / 말하면 힘이 세지는 말 / • 43

## 2장. 꿈비전 만들기

- 01  강아지 똥은 꿈을 이루었을까? / 강아지똥 / •54
- 02  내 꿈의 지도는? / 내가 만난 꿈의 지도 / •64
- 03  나는 왜 이 세상에 존재하는가? / 커다란 질문 / •73
- 04  학생으로 모아야 할 것은? / 프레드릭 / •82
- 05  꿈을 이루어주는 주문은? / 마법 침대 / •91
- 06  교실을 엉망으로 만드는 여우를 잡으려면?
      / 치과의사 드소토 선생님 / •100

## 3장. 문제 해결하기

- 01  내가 버려야 할 습관은? / 괴물들이 사는 나라 / •112
- 02  인사는 왜 하나? / 왜 인사해야 돼? / •121
- 03  내 물건을 함부로 쓰는 친구가 있다면?
      / 화가 날 땐 어떡하지? / •130
- 04  나의 역할은? / 돼지책 / •140
- 05  다름을 인정하면 어떻게 될까? / 까만 아기양 / •149
- 06  이해하고 용서할 것은? / 검피 아저씨의 뱃놀이 / •158
- 07  규칙은 지켜야 하나? / 도서관에 간 사자 / •167

## 4장. 우정사랑 나누기

- 01  친구를 사귀는 방법은?/ **친구를 모두 잃어버리는 방법** / •178
- 02  내가 나눌 수 있는 것은?/ **무지개 물고기** / •187
- 03  친구가 힘들 때 어떻게 할까?/ **우리는 친구** / •196
- 04  힘들 때 누구를 의지하나?/ **엄마 까투리** / •205
- 05  사랑은 무엇인가?/ **언제까지나 너를 사랑해** / •214
- 06  나와 다른 친구를 어떻게 대할까?/ **까마귀 소년** / •223
- 07  나에게 힘을 주신 분은?/ **고맙습니다 선생님** / •232

## 5장. 배움을 깊이 있게

- 01   시간이 흘러도 변하지 않는 것은? / **시간이 흐르면** / • 242
- 02   내가 힘써야 할 것은? / **조선 제일 바보의 공부** / • 251
- 03   상대가 질문할 때 어떻게 대화할까? / **왜냐면** / • 260
- 04   책은 어떻게 읽을까? / **아름다운 책** / • 269
- 05   책을 읽고 협력하면 어떤 결과가 생길까? / **책 읽는 두꺼비** / • 278
- 06   책읽기를 위해 어떤 노력을 할까? / **책 읽는 유령 크니기** / • 287

에필로그 • 296
참고문헌 • 298

# 1장

## 긍정 태도 가지기

# 틀려도 괜찮을까?

## 틀려도 괜찮아

《틀려도 괜찮아》ⓒ 마키타 신지, 토토북

《틀려도 괜찮아》는 새로운 학기가 시작될 때 아이들과 읽으면 좋은 그림책이다. 틀리면서 답을 찾아가는 아이들과 아이들을 돕는 선생님이 멋진 교실을 함께 만든다.

교실은 선생님과 아이들이 함께하는 작은 사회다. 배려하는 아이, 활기찬 아이, 무기력한 아이, 자기만 아는 아이 등 다양한 구성원이 공존

한다. 자기만 아는 아이가 리더가 되면 긴장과 갈등이 생긴다. 뛰어난 아이는 견제를 받고, 약한 아이는 무시당한다. 때로 교사와 아이들이 힘든 상황에 처하기도 한다.

아이들이 교실에서 행복하려면 어떻게 해야 할까? 틀려도 괜찮은 교실이 되어야 한다. 틀려도 괜찮은 교실은 부정 에너지를 긍정 에너지로 바꾼다. 나보다 잘하는 아이를 끌어내리지 않고 닮고 싶어 한다. 과정에 최선을 다하는 아이, 매일 노력하는 아이, 남을 배려하는 아이가 인정받는다.

틀려도 괜찮은 교실에서 개인, 모둠 보상은 피해야 한다. 공동체가 정한 약속을 지킬 때 방해되고, 친구 사이에 필요하지 않은 경쟁이 생긴다. 다만 과정에 초점을 맞춘 전체 보상은 괜찮다. 주어진 일에 최선을 다하고, 친구를 배려할 때 유리병에 사탕을 넣거나 학급 온도계를 높인다. 최선을 다하고 친구를 배려한 아이는 인정받고, 목표를 달성해 만든 열매는 함께 나눈다. 아이들은 자유 체육, 요리대회, 생일잔치 등을 하며 행복한 추억을 만든다.

틀려도 괜찮은 교실에서 실수한 아이는 도움을 받는다. 틀리는 것이 두려운 경험이 되지 않는 아이들은 도전하고 발전한다. 친구를 배려하는 아이는 리더로 인정받는다. 친구를 돕고 도전하는 문화가 학급에 생긴다.

틀려도 괜찮은 마음으로 아이를 보면 모두 사랑스럽다. 팀데몬스트레이션 놀이(팀이 생각한 답이 나오면 잡은 손을 위로 들며 함성)를 할 때였다. 학교에 입학해서 지금까지 한마디도 하지 않은 아이 손이 정답을 외치는 옆 친구 도움으로 들려진다. 모둠 목소리가 작다고 한 번 더 외칠 기회를 주자, 그 아이가 "와"라고 외친다. 4학년까지 한마디도 하지 않던 아이가 교실에서 처음 말하는 것을 옆에서 만나는 것은 짜릿한 감동을 준다. 한 번 말한 아이는 쉬는 시간에 친구와 논다. 학교 코딩 대회에서 상을 받고, 마이크로소프트 주최 대회에 학교 대표로 참가했다.

틀려도 괜찮은 교실은 작은 기적을 만든다. 행복과 배움이라는 꽃을 피운다. 밤하늘 별을 보며 산책하는 평안함을 준다.

 ## 수업 속으로

《틀려도 괜찮아》 그림책 제목으로 놀았다.
"틀려도 괜찮아라고 말하면 행동을 따라 하는 거야. 틀려도 괜찮아 박수 한 번 시작."
짝.
"박수 두 번 시작!"
짝짝.
"틀려도 괜찮아 말하지 않았으니 박수 치면 안 되지."
"아."
아쉬워하는 소리가 교실 곳곳에서 들린다.

"놀이하며 틀릴 때 기분이 어때?"
"틀려도 괜찮아요. 꼭 이긴다 생각하지 않아 그래요."
그림책 표지에 보이는 어른이 누구인지 물었다.
"거인이요. 아이들을 모두 안고 있잖아요!"
대부분 선생님이라고 한다. 책을 읽는 중에 거인이라고 말한 아이가 "아~ 선생님이네"라고 한다.

수업 시간 발표하는 사람 없이 시간만 흐르는 장면에서 시계 놀이를 했다.

"시계 놀이 해볼까? 1시면 땡! 2시면 땡땡! 30분은 한 번만 치는 거야. 시계 놀이 시작. 똑딱똑딱 1시!"

짝!

"똑딱똑딱 3시!"

짝짝짝!

"똑딱똑딱 3시 30분!"

짝짝짝(실수하는 친구가 나옴).

"30분에는 한 번만 치는 거야."

"아!"라고 하며 요즘 종 치는 시계가 없어 시계 놀이가 힘들다고 한다.

"아이고~ 그렇네."

너스레를 떨자 아이들이 깔깔 웃는다. 외국 시계 놀이로 몸 표현활동을 하고, 시계 노래를 불렀다.

"시계는 아침부터 똑딱똑딱, 시계는 아침부터 똑딱똑딱, 언제나 같은 소리 똑딱똑딱, 부지런히 일해요."

그림책에 나오는 친구처럼 발표가 어려웠던 경험을 물으려는 순간 보람이가 질문한다.

"시계는 왜 부지런히 일해요?"

보람이는 평소에 발표하지 않는 도움반 아이다. 놀이가 만들어 내는 작은 기적에 친구들이 놀란다. 보람이도 그림책 속 아이처럼 손들고 질문하는 것이 무서웠을 것이다. 두려움을 이기고 질문한 보람이를 보며 마음이 따뜻해진다. 내가 생각한 질문을 내려놓고 보람이 질문에 집중했다.

"보람이가 좋은 질문을 했네. 시계는 왜 부지런히 일하지?"
"건전지 힘 때문입니다. 시계는 한번 밥을 먹으면 1년은 움직여요."
"우리가 잘 때 시계도 자겠지?" 하니 계속 일한다고 한다.
"왜 계속 일한다고 생각하니?"라고 물으니 시계가 쉬지 않고 일하기 때문에 아침에 시간이 정확하다고 한다. 그 말을 듣던 아이가 반박한다.
"시계가 멈출 때도 있어요. 건전지 약이 다 되거나, 고장 날 때요."
"시계가 멈출 때 기분이 어때?"
"귀찮아요."
"짜증나요."
여기저기서 불평하는 말이 나온다.
내가 공부하다가 쉴 때, 부모님이 공부하라고 하면 어떤 기분일까 물었다. 아이들이 속상하다고 한다. 다시 시계 이야기로 넘어갔다.
"1년 동안 일하다가 약이 없어 멈춘 시계가 너희 이야기를 들으면 어떤 기분일까?"
"속상할 것 같아요. 아까 시계에게 짜증 낸 것이 미안해요."
"예전엔 시계가 멈춰도 관심이 없었는데, 이제 고마운 마음을 가질 수 있어요."
고마운 마음을 어떻게 표현하고 싶냐 물었다.
"부지런히 일했으니 쉬어"라는 말이 나온다. 쉬게 한 후 건전지를 넣겠다는 아이들이 예쁘다.
시계 놀이 후 잊고 살았던 고마운 분에 대한 생각을 나누었다.
"시계처럼 우리가 잘 때 봉사하는 분은 누굴까?"
"경찰관과 군인 아저씨가 있어요."

고마운 분들이 우리를 어떻게 도와주시는지 이야기를 나누었다.

그림책에서 "마음 놓고 틀리자"라는 말이 나올 때, 마음 놓고 틀리는 교실과 마음대로 하는 교실의 차이점을 짝 토의했다.

"마음 놓고 틀리는 교실과 마음대로 하는 교실은 같은 말이니?"

"마음대로 하는 교실은 수업 시간에 눕고, 핸드폰 게임을 해요. 규칙을 지키지 않아 다쳐요. 마음 놓고 틀리는 교실은 틀리는 것을 부끄러워하지 않고, 다시 도전하는 교실이에요."

"이런 멋진 교실을 만들자"라는 장면을 읽고 질문했다.

"이런 멋진 교실은 어떤 교실일까?"

틀려도 괜찮은 교실, 실수해도 다시 도전하는 교실, 웃음이 넘치는 교실, 학교폭력이 없는 교실, 사랑하고 감사하는 교실이라 한다. 틀려도 괜찮고, 웃음과 감사가 넘치는 교실이라고 학급 방향을 잡았다. 이런 교실을 위해 어떤 말과 행동을 해야 할지 모둠끼리 토의하고 발표했다.

'틀려도 괜찮아'를 응용해 '잡혀도 괜찮아 놀이'를 했다.

"잡혀도 괜찮아 놀이해 볼까? 술래에게 잡히면 술래 손을 잡고 다른 친구를 잡는 거야. 6명이 되면 3명씩 분리하면 돼. 잡혀도 괜찮아 놀이 시작!"

잡혀도 괜찮아 놀이 후 틀려도 도전해야 하는지 물었다. 틀려도 도전해야 문제를 해결한다고 말한다. 도전해야 성장하고 꿈을 이룬다고 한다. 교실에서 자신 있게 말하는 아이들 미소가 보석처럼 빛난다.

## 아이들과 함께 만들어 가는 그림책 놀이수업 교수 학습안

| 단계 | 그림책 놀이수업 교수·학습 활동 | 질문 | 놀이 |
|---|---|---|---|
| 도입 | ◉ **학습문제 확인**<br>**틀려도 괜찮은 이유와 멋진 교실을 말해보자.**<br>◉ (놀이) 틀려도 괜찮아 놀이하기<br>- 틀려도 괜찮아 놀이를 해보자.<br>◉ (전체 질문)<br>- 놀이하며 틀렸을 때 기분은? | 틀릴 때 기분? | 틀려도 괜찮아 놀이 |
| 전개 | ◉ (놀이) 시계 놀이<br>- 시계 놀이를 해보자.<br>- 시계 노래를 불러보자.<br>◉ (전체 질문)<br>- 잠시 쉴 때 부모님께서 놀지 말고 공부하라면 어떤 기분이 들까?<br>- 시계처럼 우리가 잘 때 봉사하는 분은 누굴까?<br>◉ (짝 질문)<br>- 마음 놓고 틀리는 교실과 마음대로 하는 교실의 차이점은?<br>◉ (전체+모둠 질문)<br>- 내가 생각하는 멋진 교실은?<br>- 이런 교실을 위해 어떤 말과 행동을 해야 할까?<br>◉ (놀이) 잡혀도 괜찮아 놀이하기<br>- 잡혀도 괜찮아 놀이를 해보자.<br>◉ (전체 질문)<br>- 틀려도 도전해야 할까? | 공부?<br><br>봉사?<br><br>차이점?<br><br>멋진 교실?<br>말과 행동<br><br><br>틀려도 도전? | 시계 놀이<br>시계 노래<br><br><br><br><br><br><br><br><br><br>잡혀도 괜찮아 놀이 |
| 마무리 | ◉ (질문, 놀이) 본깨적 놀이<br>- 내가 알게 된 것을 본깨적 놀이로 발표해볼까?<br>**(손을 잡고) 알궁근적 본깨적!**<br>수업에서 본 것, 깨달은 것, 실천할 부분을 말함 | 알게 된 점? | 본깨적 놀이 |

• **알궁근적**(알게 된 점, 궁금한 점, 근거, 적용)

## 그림책 놀이 방법

### 틀려도 괜찮아 놀이

① "틀려도 괜찮아"라고 말하면 행동을 따라 하는 놀이다.
② "틀려도 괜찮아 오른손 드세요"라고 말하면 오른손을 든다.
③ "왼손 드세요"라고 말할 때는 들면 안 된다. 왜냐하면 "틀려도 괜찮아"를 하지 않았기 때문이다.

### 시계 놀이

① 검지손가락을 가슴 앞에서 시계추처럼 왔다 갔다 하며 똑딱똑딱 소리를 낸다.
② 두 시라고 말하면 박수를 2번 친다.
 - 똑딱똑딱 두 시! 짝짝
③ 외국 시계 놀이로 몸 표현 놀이를 진행한다.
 - 프랑스 시계 갑니다. 똑딱똑딱 두 시! 똑숑딱숑 똑숑딱숑

### 잡혀도 괜찮아 놀이

① 술래가 잡으면 술래와 손을 잡는다.
② 손을 잡아 그물 모양으로 포위해 다른 친구를 잡는다.
③ 6명이 그물을 만들면 각각 3명씩 2개 그물로 분리한다.
④ 전체가 잡히면 술래를 정해 새롭게 시작한다.

# 나와 생각이 다른 친구를 어떻게 대할까?

## 반이나 차 있을까 반밖에 없을까

〈반이나 차있을까 반밖에 없을까〉 ⓒ 이보나 흐미엘레프스카, 논장

《반이나 차 있을까 반밖에 없을까》는 나와 다른 상대를 이해하고 존중하는 교육을 할 때 읽어주면 좋은 그림책이다. 그림책은 같은 사물도 관점에 따라 다르게 보인다고 처음부터 끝까지 일관되게 말한다.

초등학교 시절 도시락을 가지고 다닐 때다. 친구가 도시락으로 우유와 초코파이를 가져왔다. 당시 나는 친구를 부자라고 부러워했다. 지금이라면 친구 집에 무슨 일이 있나 걱정했을 것이다. 어린 시절 책은 빌려 읽는 대상이었지만, 지금은 사서 읽는 친구 같은 존재다. 나 자신도 시간의 흐름에 따라 생각이 바뀌는데, 나와 다른 사람의 생각은 당연히 다른 경우가 많다.

교사는 아이 말을 귀하게 여겨야 한다. 나와 반대되는 의견에도 귀 기울여야 한다. '물이 반이나 있다'라는 아이와, '물이 반밖에 없다'는 아이 모두를 인정해야 한다. 아이들이 위대한 잠재력이 있음을 믿어야 한다.
학교와 선생님을 불신하는 아이가 있으면, 사랑을 반쯤 숨긴 상태로 사랑했다. 다른 친구와 비슷한 느낌으로 대하면서, 둘이 있을 때 연민을 담은 대화 한 줌, 미소 하나가 쌓이면, 아이는 자신을 있는 그대로 사랑하게 된다. 세상을 밝게 보고, 다른 사람과 좋은 관계를 맺는다.

헬렌 켈러는 보지도, 듣지도, 말하지도 못하는 장애를 극복하고 장애인의 파랑새가 되었다. 하지만 그녀의 어린 시절은 누구도 건드리지 못하는 폭군이었다. 친척들이 헬렌을 짐승 보듯 할 때 설리번 선생님이 헬렌 켈러에게 나타났다. 설리번 선생님은 그녀를 짐승이 아닌 사랑이 필요한 아이로 보았다. 설리번 선생님의 사랑과 믿음은 헬렌 켈러에게 긍정적인 마음을 주었다. 이를 통해 그녀는 신체 한계를 극복하고, 전 세계 장애인과 약자를 위한 삶을 살았다.

재능은 많은데 어려운 일을 하지 않으려는 아이와 상담했다. 대화를 통해 실패에 대한 두려움이 있음을 알았다. 확실한 일만 시도하는 아이에게 힘을 주는 말을 했다. 얼마 후 아이는 어려운 과제 해결에 성공했다고 자랑한다. 하니까 된다는 자신감이 표정에 나타났다.

 상대를 있는 그대로 바라보고, 차이를 인정하자. 그럴 때 긍정의 말, 사랑의 말이 나온다. 상대를 인정하고 존중하는 태도는 나와 타인 속에 잠든 거인을 깨우고 원하는 일을 하게 한다. 존중하는 마음과 긍정의 눈으로 아이를 바라보자. 그러면 아이도 세상을 행복하게 바라본다.

 **수업 속으로**

'물이 반이나 있네?' 생각하는 아이 여섯 명, '물이 반밖에 없네?' 생각하는 아이가 열 명이다. "다른 사람과 의견이 다른 것은 잘못이니?"라고 하자 아니라고 한다. 지금처럼 이해하는 마음으로 그림책 수업을 하자 했다.

"같은 개가 어떤 사람에게는 아름답고, 어떤 사람에게는 흉해. 왜 그럴까?"

"개를 사랑하면 개가 아름답고, 개를 싫어하면 흉하게 보여요."

어떨 땐 들리지 않는 소리가 어떨 땐 너무 시끄럽다는 문장을 읽고 공사장 소리를 내라 하니, 아이들이 콸콸콸콸 소리를 낸다. 과자 먹는 소리 '얌얌얌얌'을 말하고 무슨 소리가 났는지 물으니 시끄러워 듣지 못했다 한다.

"이번엔 영화관이야. 영화관에서는 조용히 관람해야겠지. 얌얌얌얌 무슨 소리가 들리니?"

"선생님께서 얌얌얌얌 하셨잖아요."

"같은 소리가 공사장에서는 안 들리고, 영화관에서는 잘 들려요. 영화 볼 때 과자를 크게 먹으면 방해돼요."

아이들이 영화관처럼 조용한 곳에서는 조심해야겠다고 한다.

학교에서 같은 소리가 다르게 들리는 장소를 물었다.

운동장과 교실 이야기가 나온다. 운동장에서는 떠들어도 되지만, 교실에서는 떠들면 안 된다고 한다.

"교실에서 왜 떠들면 안 돼?"

"공부할 때 방해돼요. 교실에서는 같은 소리가 크게 들려요."

이어 친구와 지킬 교실 규칙을 말했다. 공부 시간에 떠들지 말고, 쉬는 시간에도 친구가 방해되지 않게 조용하게 말하자고 한다.

휠체어를 타고 계단을 바라만 보는 남자와, 글을 읽으며 계단을 오르는 여자가 그려진 장면이 나온다. 3층 계단 박수를 쳤다.

"어떤 사람에게는 쉽고, 어떤 사람에게는 어려운 3층 계단 박수 시작!"

짝(쉬고), 짝짝(쉬고), 짝짝짝(쉬고), 짝짝(쉬고), 짝

어떤 사람에게 쉽다는 말에서 각자 가진 재능을 토의했다. 아이들이 잘하는 것을 발표한다.

"저는 달리기를 잘해요. 달리는 것을 좋아하다 보니 잘하게 되었어요."

아이들 이야기를 듣다가 도움반 진철이가 가진 관찰 능력을 칭찬했다.

"진철이가 짧은 시간에 사물을 잘 관찰하는 것도 재능이야. 진철이는 그림 그리는 것을 좋아하지?"

"선생님이 어떻게 알아요?"

시간 날 때 그림을 자주 그리기 때문에 모를 수가 없다.

"사물을 잘 관찰하는 친구가 그림 그리는 것을 좋아하는 경우가 많단다."

진철이가 자신을 알아주자 기뻐한다. 나 또한 진철이와 꼬리잡기 대화에 행복하다.

어떤 사람에게는 지루하고, 어떤 사람에게는 흥미롭다는 문장을 읽었다. 내가 좋아하는 것으로 짝 토의한 후 놀았다.
"반갑구만 반가워요 놀이 해볼까? '당신은 무엇을 좋아하십니까?' 물으면 '나는 이것을 좋아합니다'라고 말하면 돼. '나는 빨강색을 좋아합니다'라고 말하면 빨강색을 좋아하는 아이는 앞으로 한 발자국 나와 손을 서로 붙이고 무릎에 반동을 주며 '반갑구만 반가워요!' 하면 되는 거야."
"나는 과일을 좋아합니다."
"반갑구만 반가워요!(해당되는 친구)"
좋아하는 것이 나올 때마다 아이들이 앞으로 나와 "반갑구만 반가워요!"를 외친다. 치킨, 축구는 아이들이 좋아하는 단골손님이다.

그림책 내용으로 반대말 놀이를 했다.
"무릎, 손뼉, 셋, 넷. 반대말 놀이!"
'크다'란 말에 '작다', '아름답다'에 '흉하다', '깨끗하다'에 '더럽다'라고 한다.
이어서 아이들과 그림책 속 문장으로 반대말 놀이를 했다.
"기억나는 문장의 앞부분을 한 발 나와서 말하면, 아는 사람이 한 발 나와 뒷부분을 말하면 돼. 어떤 사람에게는 '높고'라고 외치면, 뒷부분을 아는 학생이 한 발 앞으로 나와 손을 앞으로 뻗어 어떤 사람에게는 '낮다'라고 외치는 거야."

"어떤 사람에게는 높고" / "어떤 사람에게는 낮다."
"어떤 사람에게는 쉽고" / "어떤 사람에게는 어렵다."
마지막 그림책 장면을 펼쳐놓은 채 물었다.
"어떤 사람에게는 끝인 시간이" / "어떤 사람에게는 시작이다."
"이야, 명언이다. 같은 시간이 이렇게 다르네요."
아이가 이야기 뒷부분을 말하며 감탄한다.

    놀이 후 같은 사물을 나와 다르게 판단하는 친구에 대해 어떻게 말할지 모둠끼리 토의했다.
    예전에는 나와 다르게 말하면 따지듯 말했다고 한다. 이제는 서로 다르게 말하는 부분이 이해되어 편하게 대화하겠다고 발표한다.
    생각이 다른 상대를 공감하되, 불편한 부분은 사실에 근거해 감정을 부드럽게 표현하자고 했다.
    다르다는 것은 틀린 것인지 질문했다. 다른 것은 틀린 것이 아니라고 한다. 평소 틀리다고 생각한 것이 사실은 다른 것임을 알았다고 한다.
    서로 다른 악기들이 모여야 오케스트라 연주가 가능하다. 우리 모두 달라서 서로 부족한 부분을 채우고, 세상은 발전한다. 서로 다름을 인정하고 협력하는 아이들이 예쁘다.

## 아이들과 함께 만들어 가는 그림책 놀이수업 교수 학습안

| 단계 | 그림책 놀이수업 교수·학습 활동 | 질문 | 놀이 |
|---|---|---|---|
| 도입 | ◉ **학습문제 확인**<br>**나와 생각이 다른 친구를 이해하여보자.**<br>◉ (전체 질문)<br>- 같은 개가 사람에 따라 왜 다르게 보일까?<br>- 방해하지 않기 위해 교실에서 지켜야 할 규칙은?<br>◉ (놀이) 계단 박수 놀이하기<br>- 계단 박수 놀이를 해보자.<br>◉ (전체 질문)<br>- 다른 사람은 어려운 데 나에게 쉬운 것은? | 왜 다르게?<br>교실 규칙?<br><br><br>쉬운 것? | 계단 박수 놀이 |
| 전개 | ◉ (짝 질문)<br>- 내가 좋아하는 것은?<br>◉ (놀이) 반갑구만 반가워요 놀이하기<br>- 반갑구만 반가워요 놀이를 해보자.<br>◉ (놀이) 반대말 놀이하기<br>- 반대말 놀이를 해보자.<br>◉ (모둠 질문)<br>- 같은 것을 보고 나와 다르게 생각하는 친구를 어떻게 볼까?<br>◉ (전체 질문)<br>- 나와 '다르다는 것'은 틀린 것인가? | 좋아하는 것<br><br><br><br>다른 생각 친구?<br><br>다른 것, 틀린 것? | 반갑구만 반가워요 놀이<br>반대말 놀이 |
| 마무리 | ◉ (질문, 놀이) 본깨적 놀이<br>- 내가 알게 된 것을 본깨적 놀이로 발표해볼까?<br>(손을 잡고) 알궁근적 본깨적!<br>수업에서 본 것, 깨달은 것, 실천할 부분을 말함 | 알게 된 점? | 본깨적 놀이 |

## 그림책 놀이 방법

### 계단 박수 놀이

① 올라갈 층수만큼 박수를 하나씩 더 치고 다시 내려온다.
② 3층 계단 박수는 박수 1번, 박수 2번, 박수 3번, 박수 2번, 박수 1번을 친다.
③ 예) 우리 계단 박수 쳐볼까?
　　3층 계단 박수 시작! 짝(쉬고), 짝짝 (쉬고), 짝짝짝 (쉬고), 짝짝 (쉬고), 짝

### 반갑구만 반가워요 놀이

① 원이나 평소 수업하는 상태에서 질문한다.
　　(예) '당신은 무엇을 좋아하십니까?'
② 한사람이 한발 앞으로 나와 "나는 ○○(통닭)을 좋아한다고 말한다.
③ ○○을 좋아하는 사람은 한 발 앞으로 나와 오른손을 내민다.
④ 발표한 사람이 "하나둘셋"이라고 하면, "반갑구만 반가워요(무릎 반동)"를 외치고 제자리로 간다. 아무도 없으면 발표한 사람이 "나만~"이라고 한다. 그러면 모두 일어나 친구 이름을 부르며 "철수야, 반갑구만 반가워요"라고 한다.

### 반대말 놀이

① 네 박자에 맞추어 박수 친다.
　　(양손 무릎, 손뼉, 왼손 엄지, 오른손 엄지)
② 교사가 '반대말 놀이'와 같이 문제를 낸다.
③ "높다"를 말하면, 다음 네 박자에 학생이 "낮다"를 말한다.
④ 책의 앞 문장을 읽으면, 책의 뒤 문장을 아이들이 일어나 발표한다.

# 아침에 일어나 나에게 하고 싶은 말은?

## 난 내가 좋아

《난 내가 좋아》 ⓒ 낸시 칼슨, 보물창고

《난 내가 좋아》는 가장 좋은 친구가 자신이며, 자신을 있는 그대로 사랑하라고 한다. 그림책에는 자신을 좋은 친구로 인식하고, 실수해도 끊임없이 도전하는 아기 돼지가 나온다. 아기 돼지는 언제 어디서나 좋은 친구가 항상 옆에 있어 날마다 행복하다. 아기 돼지는 아침에 일어나 자신에게 멋지다고 칭찬한다. 기분 나쁜 상황일 때는 자신을 격려해 기분 좋게 한다.

아기 돼지의 모습은 빨강머리 앤과 닮았다. 빨강머리 앤은 부모를 잃고 고아원에서 지내지만 밝게 살아간다. 현실에서 좋은 것을 상상하는 습관을 통해 실수해도 좌절하지 않는다. 빨강머리 앤은 초록지붕 매슈 집에 입양 온다. 그녀는 거울 속 자신에게 키스하며 다시 태어난 것을 칭찬한다. 앤은 환경에 상관없이 자신을 사랑했다. 우리도 앤처럼 있는 그대로 자기를 좋아하자. 그러면 행복해지고, 나를 둘러싼 세상은 따뜻해진다.

학교에서 만난 다송이는 어른에 대한 불신이 많았다. 수업을 즐겁게 참여한 후에도, "재미없어"를 습관처럼 말했다. 재능은 많으나, 타인이 말하는 것을 있는 그대로 받아들이지 못했다. 어른에 대해 이유 없는 불만을 가진 다송이를 보며 안타까웠다.
학교에서 문제를 일으키지 않고, 잘 지내는 것을 다송이 엄마는 고마워했다. 교사로서 친구와 잘 지내게 하는 데는 성공했으나, 마음 속 재능을 키워주는 것은 한계가 있었다. 그러던 중 1등을 하면 이스라엘에 갈 수 있는 토론 대회 공고를 봤다. 다송이 재능을 키울 기회라고 생각했다. 다송이와 대회준비를 하며 어른에 대한 불신을 없애고 싶었다. 다송이를 몰래 불러 토론대회를 안내했다. 팀을 만들어 두 달간 준비해 대회에 참가하자고 제안했다. 3일간 고민하던 아이는 결국 대회 준비를 포기했다. 준비에 대한 부담감, 실패에 대한 두려움이 가치 있는 도전을 막

왔다. 자발성이 기초 되지 않는 대회 준비는 부작용이 크기 때문에 다송이 선택을 존중했다.

다송이에 대한 아쉬움은 동영이를 통해 잊었다. 동영이는 수학을 유독 어려워했다. 수학은 어려운 것이 아니라 쉽고 재미있다는 생각을 주고 싶었다. 방과 후 수학 보충 공부를 제안했는데 좋다고 한다.
"선생님도 아는 것보다 모르는 것이 많아. 새롭게 알아가는 것은 가슴 떨리는 행복이야. 날마다 조금씩 노력하자. 틀려도 괜찮으니까 최선을 다하자."
동영이 마음을 헤아리며 며칠 동안 공부한 어느 날, 책상 위에 과자와 함께 손편지가 놓여 있다.
'선생님과 공부하는 것이 재미있어요. 수학도 자신이 생겨요.'
긍정 에너지를 흡수해 교사에게 돌려주는 동영이를 통해 마음 한구석 행복이라는 불이 켜졌다. 먹고 싶었던 과자를 주고 간 동영이 마음을 통해 노을 지는 아름다움을 교실에서 만났다.

 **수업 속으로**

"숲속 작은집 코알라~ 아무것도 모르는 코알라 코알라."
 율동이 끝나자, 아이들이 나를 본다. 기분 좋은 표정일 때 《난 내가 좋아》 책을 펼쳤다.

"내겐 아주 좋은 친구가 있지. 내게 좋은 친구는 누굴까?"
 그림책 제목을 기억해서인지 "나!"라고 외친다.
 "그 친구는 바로 나예요"라고 그림책 내용을 읽자, 아이들이 맞추었다고 좋아한다.

"난 나와 함께 즐거운 일을 하지. 난 아름다운 그림을 그려" 부분에서 협동 그림 놀이를 했다.
 제시한 그림 주제는 '숲속 작은 집'이다. 그림에는 사람, 집, 꽃, 나무, 구름, 해가 있다. 작은 집 창문, 굴뚝 연기, 나무 열매, 사람 눈, 꽃송이에 하트를 그렸다. 아이들이 하트를 그리며 스스로 사랑하길 바라는 마음을 담았다.
 "선생님과 협동 그림 그리기 놀이해볼까? 그림을 30초간 보여줄 거야. 모둠에서 한 명씩 돌아가며 모둠판에 그림을 그리면 돼. 한 사람당 30초 동안 그릴 수 있어. 내가 그린 것은 지울 수 있지만 다른 친구 그림은 지우면 안 돼. 색깔을 칠하거나 빠진 것을 보충하는 것은 가능해. 선생님이 '레디' 하면 '고' 하는 거야. 레디~."

"고!"

'고'라는 소리에 아이들이 모둠판에 한 명씩 돌아가며 그림을 그린다.

"내가 집 그릴게. 네가 구름을 그려~."

아이들이 짧은 시간에 역할을 분담하면서 그림을 그린다. 그림 그리는 아이들 모습이 제각각이다. 천천히 생각하며 그리는 아이, 빨리 그리는 아이, 어깨가 들썩거리며 그리는 아이도 있다. 그림을 그리는 동안에 아이들 눈이 반짝인다. 그림을 대충 그린 아이가, 그림을 똑같이 그리지 않으면 어떻게 되는지 묻는다. 모양만 맞으면 합격이라고 하니 안심한다. 아이들에게 모둠 그림이 5점을 넘어야 한다고 했다. 산을 그리면 1점, 나무를 그리면 1점 등 6개를 그리기만 하면 6점을 받다 보니, 모든 모둠이 5점을 넘었다. 5점을 겨우 넘은 팀에서 "그래도 잘했다"라고 말한다.

"'그래도 잘했다'라고 말한 예울이 말 덕분에 반 전체 최고 점수를 줄게."

"와~, 예울이 덕분이야~. 고마워."

예울이 얼굴에 미소가 그려진다.

친구인 '나'와 어떤 즐거운 일이 가능한지 질문했다.

"저는 즐거운 일을 위해 치킨을 먹어요. 왜냐하면 맛있기 때문입니다."

"저는 그림책을 읽습니다. 그림책은 재미있기 때문입니다."

아기 돼지가 즐거워하는 자전거 타기, 책 읽기, 스스로 돌보고 가꾸기, 이 닦기, 목욕, 음식 이야기를 읽었다. 나와 아기 돼지가 즐기는 일을 간

단하게 비교하는 시간을 가졌다.

"저는 책을 잘 읽지 않는데 아기 돼지는 책 읽는 것을 좋아해요."

"아침에 일어나면, 난 나에게 말하지. 야, 참 멋지구나"란 아기 돼지 말을 읽은 후 질문했다.

"아침에 일어나 나에게 하고 싶은 말은 뭐지?"

짝끼리 말해보라고 한 뒤 생각을 나누었다.

"나를 사랑해라고 말해요. 나에게 힘이 되기 때문이에요."

"나는 할 수 있다고 말해요. 행복하게 살고 싶어서요."

그림책 속 실수하는 돼지 이야기를 읽으면서 아이 삶을 끌어내고 싶었다.

"내가 실수할 때 어떻게 하면 되는지 모둠끼리 말해볼까?"

모둠 토의 후 규성이가 말한다.

"실수는 누구나 하는 거니까 실수해도 괜찮아라고 말할 거예요."

"내가 실수해 엄마에게 죄송하다고 하면 엄마가 실수하지 말라고 화를 내요."

몽주 말을 듣고 친구가 조언한다.

"나는 엄마가 화를 낼 때 화가 풀릴 때까지 죄송하다고 계속 말해."

"죄송하다고 하는데 엄마가 화를 내면 속상하겠다. 아기 돼지는 될 때까지 노력하고, 노력하고, 또 다시 노력한다고 하는데 실수하고 사과한 규성, 몽주도 그런 친구구나!"

마음을 읽어준 후 초성퀴즈를 냈다.

"이게 무슨 말인지 맞추어 볼까? ㅅ ㅅ ㄴ ㄹ"
"실수 노래."
"아닙니다."
"실수 노력"
"정답! 우리 실수해도 노력하는 코알라 율동해볼까?"
"선생님. 자기 이름을 넣어서 하면 안 될까요?"
아무것도 모르는 코알라 대신 이름을 넣어 '실수해도 노력하는 ○○○'으로 율동하였다.

"내가 어디를 가든지 무엇을 하든지, 난 항상 나일 뿐이야." 다음에 무슨 말이 나올지 물어보았다.
"난 나를 사랑해." "내가 엄청 좋아." "난 자신을 좋아해." "나는 소중해." "나는 기쁨으로 살아." "난 내가 좋아."
다양한 말이 나왔다.
"난 그런 내가 좋아"란 말이 나오자 아쉬움의 탄성이 들린다.

나를 위해 자유 선택 놀이를 하자고 하자 무궁화꽃이 피었습니다, 닭다리 싸움, 눈치놀이가 선택되었다. 마지막에 미덕 눈치 놀이를 하였다.
"실수해도 괜찮은 미덕 눈치 놀이는 동시에 두 명이 일어나도 한 명이 앉으면 돼. 다섯 명 이상 발표하면 성공이야. 시작!"
"용기, 사랑, 감사, 유연성, 끈기, 책임감, 배려……."

실수해도 노력하는 아이들이 말하는 미덕 덕분에 수업 마무리가 따뜻하다.

## 아이들과 함께 만들어 가는 그림책 놀이수업 교수 학습안

| 단계 | 그림책 놀이수업 교수·학습 활동 | 질문 | 놀이 |
|---|---|---|---|
| 도입 | ◉ **학습문제 확인**<br>있는 그대로 나를 좋아하여보자.<br>◉ **(놀이) 코알라 율동하기**<br>- 코알라 율동을 해보자.<br>◉ **(전체 질문)**<br>- 내게 좋은 친구는 누굴까? | 좋은 친구? | 코알라 율동놀이 |
| 전개 | ◉ **(놀이) 협동 그림 그리기 놀이하기**<br>- 협동 그림 그리기 놀이를 해보자.<br>◉ **(전체 질문)**<br>- 난 나와 함께 어떤 즐거운 일을 하나?<br>◉ **(짝 질문)**<br>- 아침에 일어나 나에게 하고 싶은 말은?<br>◉ **(모둠 질문)**<br>- 내가 실수를 할 때 어떻게 할까?<br>◉ **(놀이) 초성 퀴즈 놀이**<br>- 초성 퀴즈 놀이를 해보자.<br>◉ **(전체 질문)**<br>- "난 항상 나일 뿐이야." 다음에 나올 말은?<br>◉ **(놀이) 자유 선택 놀이**<br>- 자유 선택 놀이를 해보자. | 즐거운 일?<br><br>하고픈 말?<br><br>실수하면?<br><br><br>다음 나올 말? | 협동 그림 그리기 놀이<br><br><br><br><br><br>초성 퀴즈 놀이<br><br>자유 선택 놀이 |
| 마무리 | ◉ **(질문, 놀이) 본깨적 놀이**<br>- 내가 알게 된 것을 본깨적 놀이로 발표해볼까?<br>**(손을 잡고) 알궁근적 본깨적!**<br>수업에서 본 것, 깨달은 것, 실천할 부분을 말함 | 알게 된 점? | 본깨적 놀이 |

## 그림책 놀이 방법

### 코알라 율동

① 숲속 작은 집(오른손, 왼손으로 지붕을 만든다) 코(양손으로 코 짚기) 알(어깨) 라(허리)
② 아무것도 모르는(오른손 왼손 흔듦). 코알라. 코알라.
③ 율동을 개사한다. 숲속 작은 집 코알라. 실수해도(놀라는 표정) 노력하는(행동하는 동작). 코알라. 코알라(코알라 대신 자기 이름을 넣어도 됨).
④ 율동을 반복하며 '코', '코알', '코알라'에 말하지 않는다.

### 협동 그림 그리기

① 완성된 그림을 교사가 아이에게 30초간 보여준다.
② 모둠에서 한명씩 나와 모둠판에 그림을 그린다.
③ 모둠번호 1번이 먼저 그림을 그리고, 2번, 3번, 4번 순서대로 나와 그림을 완성한다.
④ 친구 그림을 지우면 안 되고, 보충은 가능하다.

### 자유 선택 놀이

① 아이들과 어떤 놀이를 하고 싶은지 묻는다.
② 아이들이 하고 싶은 놀이를 칠판에 적는다.
 - 무궁화, 술래잡기, 숨바꼭질, 춤추기, 눈치 놀이 등
③ 놀이가 선택되면 놀이 방법을 의논한다.
 - 눈치 놀이에 미덕 넣기
 - 여러 명이 동시에 일어나도 다시 앉으면 놀이는 계속 진행.

## 04

# 날마다 하는 일 중 행복한 것은?

## 말하면 힘이 세지는 말

《말하면 힘이 세지는 말》 ⓒ 미야니시 다쓰야, 책속물고기

　《말하면 힘이 세지는 말》은 원시시대를 배경으로 꿈, 도전, 행복, 나누는 삶을 사는 눈썹 아저씨 이야기다. 그는 매머드 사냥을 끝까지 도전하지만 실패한다. 비록 매머드는 놓쳤지만, 해야 할 일을 끝까지 하는 습관이 생겼다. 이 습관은 티라노사우루스에게 잡혀 죽을 상황에서도 탈출할 힘을 가지게 한다. 위급한 상황에서 포기하지 않고 도전하는 힘이 생

긴다. 그 힘으로 문제를 해결하고 행복한 삶을 산다.

눈썹 아저씨는 햇볕에 쓰러지려는 사람에게 자리와 먹을 것을 양보한다. 누군가 아플 때 함께 울고, 평화로운 세상에서 사람들이 행복하길 기도한다. 예전에 실패했던 매머드 사냥을 성공한 후, 이웃에게 나눈다. 눈썹 아저씨는 세상을 아름답게 만든다. 이것이 가능했던 것은 자기 관리 능력과 타인을 향한 사랑이 있기 때문이다.

《미라클 모닝》을 지은 할 엘로드는 성공한 20살 때 교통사고로 영구적인 뇌 손상을 입고, 6분간 죽음을 겪었다. 금융위기 속 빚더미에 파묻히고 우울증에 걸렸다. 생각하기 싫은 사건을 할 엘로드는 성장의 시기라 말한다.

그는 새벽 5시에 일어나 10분 묵상, 10분 책 읽기, 10분 긍정문 말하기, 10분 비전 상상, 10분 감사일기 쓰기, 10분 운동이라는 미라클 모닝을 만들어 많은 사람을 변화시키는 세계적 멘토가 되었다.

나누는 삶은 아름답기에 작은 것이라도 나누어야 한다. 하루 게임을 10시간 하는 지인의 고등학생 자녀를 상담했다. 만남을 어색해하는 아이 이야기를 마음으로 1시간 정도 들었다. 스스로 진로 고민을 말할 때 진로 중심으로 대화했다. 아이와 진로를 잡고, 작은 것부터 매일 실천하자고 했다.

국어 지문 하나, 영어 지문 하나, 영어 단어 10개, 수학 6문제를 하면 날마다 톡에 올리기로 했다. 휴대폰은 매일 4시간 사용하기로 하고 시간제한 프로그램을 깔았다. 엄마에게는 간섭하지 말고 믿으라 했다. 100

일 후 아이를 다시 만났다.

  100일 동안 날마다 과제를 톡에 올리고, 휴대폰 사용을 2시간으로 줄인 아이 눈빛이 성취감으로 달라져 있었다. 지금은 아이와 공부 복습, 핸드폰 2시간 사용 미션을 추가하여 200일에 도전하고 있다.

  조카들과 날마다 2쪽 읽고 2줄 쓰기, 푸시업 10개에 도전했다. 희망하는 독서반 아이와 방학 동안 읽은 책을 카톡에 매일 올렸다. 누군가를 돕겠다고 시작한 일을 통해 가장 많이 성장한 사람은 나였다. 참여를 독려하고 모범을 보이면서 독서, 글쓰기, 운동을 예전보다 꾸준히 하게 된다. 제자, 조카, 아이와 동행하면서 눈썹 아저씨의 행복을 만난다.

 **수업 속으로**

어느 날 밤 눈썹 아저씨가 가는 곳은 어디인지 아이들에게 물었다.
"빛나는 달까지 간다고 했어요."
프테라노돈을 타고 달까지 갈 수 있냐고 물으니 불가능하다고 한다.
눈썹 아저씨는 실패했지만 꿈을 포기하지 않으니, 결국 자손 닐 암스트롱이 아폴로 11호를 타고 달에 도착했다고 말했다.

"포기하지 않으면 꿈은 이루어진다"라고 한 후 눈치 놀이를 했다.
"꿈은 이루어진다 눈치 놀이 해볼까? 한 사람이 한 글자씩 말하는 놀이야. 시작."
"꿈", "은", "이", "루", "어, 어(어라는 말이 동시에 나옴)",
"어"를 두 사람이 동시에 말해 탈락하게 되면서 아쉬워한다. 동시에 일어나도 다른 친구가 앉아주면 놀이는 계속 진행된다고 설명했다.
"꿈", "은", "이", "루", "어", "진", "다"
'루'를 말할 때 2명이 동시에 일어났지만, 승하가 눈치껏 앉아주어 성공했다. 승하가 보여준 배려를 말하며, 협력하는 반 분위기를 칭찬했다.

눈썹 아저씨가 티라노사우루스에게 붙잡혀 죽게 될 때 어떻게 했는지 물었다.

"탈출했을 것 같아요."
"어떻게 탈출했을까?"
"창을 던져서요."
"입에 들어가서 깨물어요."
"방귀를 입에 뀌어요."
반 친구들이 까르르 웃는다.
그림책에서 실제 방귀를 뀌고 탈출한 장면을 읽었다.
"뽕뽕뽕~~."
아이들이 환호성과 함께 방귀 뀐다고 발표한 친구에게 박수를 친다.

"우리 뽕뽕뽕 놀이 해볼까?"
"뽕뽕뽕이 뭐예요?"
"방귀~. 이 책에서는 절대 포기하지 않는 마음이야."
"선생님이 하는 질문에 '뽕뽕뽕'이라고 말하면 돼. 예외가 있어. 선생님이 '안녕하세요' 하면 '안녕하세요'라고 말하고, '뽕뽕뽕'하면 '절대 포기하지 않는 마음'이라고 하면 돼. 뽕뽕뽕 놀이 시작."
"여러분 몇 학년이야?"
"4학년 1반이요."
"그렇게 말하면 탈락."
"아~, 한 번 더 해요."라는 말이 나온다.
"여러분 이름이 뭐야?"
"뽕뽕뽕."
아이들이 웃는다.

"진짜로 이름?"

"뿡뿡뿡."

"여러분이 좋아하는 음식은 뭐지?"

"뿡뿡뿡."

내가 '뿡뿡뿡'이라고 말하자 아이들이 "절대 포기하지 않는 마음"이라고 외친다.

"뿡뿡뿡."

"절대 포기하지 않는 마음."

"안녕하세요?"

"안녕하세요?"

"뿡뿡뿡 놀이 끝."

한바탕 웃음이 반에 퍼진다.

눈썹 아저씨는 밤마다 뭐하냐고 물으니 목욕한다고 한다.

"목욕하면서 어떤 생각을 할까?"

"기쁜 일, 재미있는 일을 생각해요."

"기쁜 일이 없으면?"

"따뜻하게 목욕하는 지금이 행복하다고 생각해요."

"우리도 날마다 하는 일에서 행복을 찾으면 항상 행복할 수 있어."

매일 하는 일 중 행복한 것을 짝끼리 토의하게 했다.

"날마다 밥을 먹는 것이 행복합니다."

"친구들과 매일 놉니다."

"저는 매일 잠을 잡니다. 이때 행복을 느낍니다."

친구와 함께 행복하려면 어떻게 할지 모둠 토의했다. 토의 후 배려 눈치 발표를 했다.
"저는 친구와 하고 싶은 일이 같으면 친구에게 양보할 거예요."
"저는 친구에게 먼저 인사하겠습니다."
"저는 집에 가기 전 청소를 열심히 하겠습니다."
"친구와 함께 수업을 열심히 듣겠습니다."
"친구가 말을 할 때 잘 듣습니다."
친구를 배려하는 말이 대부분이다.

이후 눈썹 아저씨 찾기 놀이를 하였다. 눈썹 아저씨로 선정된 아이 동작을 친구들이 술래 몰래 따라 한다. 눈썹 아저씨로 선정된 아이에게 그림책 속 눈썹 아저씨의 행동을 하면 좋다고 했다. 꿈꾸기, 도전, 느림, 행복, 상냥, 양보, 울기, 기도, 나누는 행동이 나온다.
"술래는 누가 눈썹 아저씨인지 찾아봐."
아이들이 눈썹 아저씨를 따라 하고, 술래는 눈썹 아저씨를 찾으며 즐거운 시간을 보냈다.

행복과 나눔이 무엇인지 질문했다. 내가 만족할 때 행복은 찾아온다고 말한다. 행복할 때 나누는 것도 잘 된다고 했다. 행복과 나눔은 연결되어 있다. 나누면 행복해지고 행복하면 나눈다. 눈썹 아저씨의 따뜻한 마음이 아이들에게 온전히 전달된 여운 있는 수업이었다.

## 아이들과 함께 만들어 가는 그림책 놀이수업 교수 학습안

| 단계 | 그림책 놀이수업 교수·학습 활동 | 질문 | 놀이 |
|---|---|---|---|
| 도입 | ⊙ **학습문제 확인**<br>**행복해지는 법을 알고 나눔을 실천하여보자.** | | 눈치 놀이 |
| | ⊙ **(놀이) 꿈은 이루어진다 눈치놀이하기**<br>- 꿈은 이루어진다 눈치놀이를 해보자. | | |
| | ⊙ **(전체 질문)**<br>- 프테라노돈을 타고 달까지 가는 것은 가능한가? | 달까지 가능? | |
| 전개 | ⊙ **(전체 질문)**<br>- 티라노사우루스에게 붙잡혔을 때 눈썹 아저씨는 어떻게 했을까? | 붙잡혔을 때 눈썹 아저씨는? | 뿡뿡뿡 놀이 |
| | ⊙ **(놀이) 뿡뿡뿡 놀이하기**<br>- 뿡뿡뿡 놀이를 해보자. | | |
| | ⊙ **(전체 질문)**<br>- 눈썹 아저씨는 밤마다 무엇을 했나? | 밤마다? | |
| | ⊙ **(짝 질문)**<br>- 날마다 하는 일 중 행복한 것은 무엇인가? | 날마다 행복? | |
| | ⊙ **(모둠 질문)**<br>- 친구와 함께 행복해지려면 어떻게 할까? | 함께 행복? | |
| | ⊙ **(놀이) 눈썹 아저씨 찾기 놀이하기**<br>- 눈썹 아저씨 찾기 놀이를 해보자. | | 눈썹 아저씨 찾기 놀이 |
| | ⊙ **(전체 질문)**<br>- 행복과 나눔이란? | 행복 나눔? | |
| 마무리 | ⊙ **(질문, 놀이) 본깨적 놀이**<br>- 내가 알게 된 것을 본깨적 놀이로 발표해볼까? | 알게 된 점? | 본깨적 놀이 |
| | **(손을 잡고) 알궁근적 본깨적!**<br>수업에서 본 것, 깨달은 것, 실천할 부분을 말함 | | |

## 그림책 놀이 방법

### 꿈은 이루어진다 눈치 놀이

① 교사 시작 신호에 따라 "꿈은 이루어진다"를 한 명씩 일어나, 한 글자만 말한다.
② 7명 학생이 한 글자씩 말하면 학생이 이긴다.
③ 학생이 동시에 단어를 말하면 교사가 이긴다.
* 짧은 시간 수업에서 배워야 할 핵심문장을 정리한다.

### 뿡뿡뿡 놀이

① 선생님 질문에 학생은 "뿡뿡뿡"이라고 말한다.
② 선생님이 "뿡뿡뿡"이라고 하면 학생은 "절대 포기하지 않는 마음"이라고 한다.
③ 선생님이 "안녕하세요"라고 하면 학생이 "안녕하세요"라고 한다.
* 아이들이 절대 포기하지 않는 마음을 가지도록 격려한다.

### 눈썹 아저씨 찾기 놀이

① 눈썹 아저씨와 술래를 뽑는다.
② 눈썹 아저씨 동작을 원으로 모인 친구들이 따라 한다. 이때 술래는 뒤를 돌아 눈을 감고 있다.
③ 원 안으로 술래가 들어가 눈썹 아저씨를 찾는다.
* 동작할 때 실제 눈썹 아저씨 행동을 표현하면 좋음.
- 꿈, 포기 안 함, 느리게, 행복, 상냥, 양보, 울기, 기도, 나누기

# 2장

## 꿈비전 만들기

# 01

# 강아지똥은 꿈을 이루었을까?

## 강아지똥

《강아지똥》ⓒ 권정생, 길벗어린이

《강아지똥》은 우리에게 자존, 우정, 꿈, 나눔을 알게 한다. 흰둥이가 골목길 담 구석에 눈 강아지똥은 작품도 뛰어나지만, 제목만으로 아이들에게 인기가 많다. 저학년 아이들은 똥이라는 단어에 자지러진다.

참새는 처음 본 강아지똥을 콕콕 쪼면서 "똥, 똥, 에그 더러워"라고 말한 후 날아간다. 강아지똥을 배려하지 않는 참새를 보며 화내다가 스스로 물어본다.

'내가 똥을 먹을 것으로 착각해 입에 넣었으면 참새처럼 더럽다고 하지 않았을까?' 나도 강아지똥을 원망할 수 있다는 마음이 들자 얄미운 참새 행동이 이해된다.

참새 때문에 화가 난 강아지똥은 '가장 더러운 개똥'이라는 흙덩이 말을 듣고 울음을 터트린다. 우리는 흙덩이처럼 상처 되는 말을 하면서 솔직하다고 착각한다. 그것은 솔직한 것이 아니라 언어 폭력이다.

우리는 실수하는 존재이다. 실수가 무서워 아무것도 하지 않는 것은 어리석다. 다만 내가 해야 할 일을 하다가 실수하면 진심 어린 사과와 책임지는 태도를 보여야 한다. 참새는 잘못을 인정하지 않고 날아갔지만, 흙덩이는 마음을 담아 사과했다.

"강아지똥아, 내가 잘못했어. 울지 마"라고 사과함으로써 끊어질 뻔한 관계가 회복된다. 좋은 친구로 발전하던 흙덩이는 농부 아저씨에 의해 원래 밭으로 돌아가고, 강아지똥은 다시 외로워진다. 다음부터 강아지똥은 다른 동물의 무례한 말에 상처받지 않기 위해 자기감정을 죽이고 반응하지 않는다. 도리어 자신이 부족하다고 자책한다.

어느 날 강아지똥에게 민들레가 다가와 친구가 된다. 민들레를 통해 강아지똥은 자기 안에 꽃을 피우는 에너지가 있음을 깨닫는다. 강아지똥은 자존감을 회복하고, 비가 오는 어느 날 민들레 몸속으로 들어가 예쁜 꽃을 피운다.

자기 몸을 녹여 민들레꽃을 피운 강아지똥을 읽으며《샬롯의 거미줄》

에 나오는 거미 샬롯이 떠올랐다. 샬롯의 거미줄로 인해 윌버는 대단한 돼지라 칭찬받았고 유명해졌다. 샬롯은 아무도 모른 채 조용히 죽어갔으나 현재 우리는 윌버보다 샬롯을 기억한다. 마찬가지로 이 책을 읽는 우리 역시 봄에 핀 예쁜 민들레꽃을 보며 자신을 녹여 사라진 강아지똥을 기억할 것이다.

강아지똥처럼 외로운 아이를 교실에서 종종 만난다. 내가 왜 그러는지 모르겠다며 머리카락을 책상에 수북이 뽑던 아이를 보며 마음이 아팠다. 민들레 마음으로 아이 자존감을 높여주려 애썼다. 마음속 보석을 깨우기만 하면 예쁜 꽃을 피울 힘이 있음을 아이에게 말과 몸짓으로 알려주었다. 졸업 후 선생님이 꿈에 나타난다고 말하며 가끔 전화하는 제자에게 응원의 마음을 전한다.
"너는 별처럼 아름다운 꽃을 피울 수 있는 재능이 있단다. 이후에 네가 만드는 예쁜 민들레꽃을 응원한다."

 **수업 속으로**

"강아지똥"을 우스꽝스럽게 말하니 "으아앙!" 아이들이 자지러진다.

날아가던 참새 한 마리가 강아지똥 곁에 내려앉아 콕콕 쪼면서 "똥! 똥! 에그, 더러워……." 하며 날아가는 장면을 읽었다.

"똥! 똥! 에그, 더러워~"를 따라 말하게 했다. 아이들이 제법 실감 나게 읽는다.

"강아지똥이 처음 태어났는데 참새가 먹는 것으로 오해했네. 우리 먹는 것이 나오면 박수 한 번 쳐볼까?"

"맛있는 사과."

짝

"맛있는 포도."

짝

"맛있는 메롱."

짝

"메롱은 먹는 것이 아니지?"

"아~ 한 번 더 해요."

"맛있는 소고기."

짝,

"맛있는 닭고기."
짝
"맛있는 강아지 똥."
박수 소리가 없다. 실수하지 않는 것에 대해 아이들이 안도의 숨을 쉰다.

강아지똥은 먹는 거냐고 질문하니 아니라고 한다.
"그러면 강아지똥과 참새 중에 누가 잘못한 거야?"
"참새가 강아지똥을 먹고 더럽다고 한 것이 잘못이에요."
흙덩이와 관련한 질문을 던졌다.
"강아지똥은 개똥이라 말한 흙덩이 때문에 울었어. 그러다가 왜 울음을 그쳤을까?"
"흙덩이가 잘못했다고 사과했기 때문이에요."
"흙덩이처럼 실수한 후 사과한 경험 있어?"
"채영이가 나 보고 못생겼다고 했어요. 그래서 나도 너 못생겼다고 하니 채영이가 울었어요. 그래서 내가 잘못했다고 했어요."
자세히 들어보니 채영이가 먼저 잘못했다. 그런데 채영이가 울자 해원이가 자기 실수를 사과한 것이다. 잘못을 용기 있게 말한 해원이를 칭찬해주었다. 채영이에게는 해원이에게 사과하는 시간을 만들어 주었다. 해원이 얼굴에 미소가 번진다.
지연이가 작년 이야기를 꺼낸다. 친구가 사과하지 않아 속상한 마음이 담겨있다.
"승용이가 3학년 때 놀리고, 툭툭 쳤는데 나에게 사과 안 했어요."

"지연이 이야기 들으니까 승용이는 어때?"
"미안해요."
흙덩이처럼 사과할 수 있는지 물으니 벌써 1년 전 일이라고 얼버무린다. 시간이 지나도 상대가 아파하면 어떻게 행동해야 할지 물었다. 승용이가 바로 사과한다.
"내가 널 놀려서 미안해. 앞으로 조심할게. 내 사과를 받아줄 수 있겠니?"
지연이 얼굴이 편해진다.
"멋지게 사과한 승용이, 사과를 받아준 지연이에게 박수."

아기 고추가 자신 때문에 죽었다는 흙덩이에 대해 토의했다. 아이들이 흙덩이 잘못이 아니라면서 흙덩이를 위로한다.
"네 잘못이 아니야. 주인이 아기 고추 관리를 잘하지 않아 그런 거야. 흙덩이야, 넌 최선을 다했어."
"가뭄이라 어쩔 수 없었어. 가뭄은 비가 오지 않아 땅이 말라비틀어지는 거야. 흙덩이야, 수고했어."
농부 아저씨가 흙덩이를 소달구지에 싣고 간 후 강아지똥은 더 외로워지고 자존감은 낮아진다. 상처 주는 말을 하는 닭에게 감정을 보이지 않는 강아지똥을 보며 마음이 아프다. 아이들도 강아지똥이 불쌍하다고 한다.
강아지똥에게 하고 싶은 말을 짝과 말하게 했다. 빈 의자를 꺼내 강아지똥이 앉아 있는 의자라고 했다. 강아지똥에게 하고 싶은 말을 아이들이 하게 했다.

"겨울인데 춥겠구나. 강아지똥아 내가 꽃밭에 묻어 줄게. 네가 좋아하는 흙덩이와 친구가 되렴."
"많이 슬프지? 세상에 필요 없는 것은 없어. 힘내. 사랑해."

아이들과 강아지똥을 위한 사랑해 박수를 쳤다.
"우리 강아지똥에게 사랑해요 박수 한번 쳐볼까?"
"사, 랑, 해, 요, 사랑, 해요, 사랑해요, 사랑해요. 강아지똥아 사랑해~."

나는 어떤 친구가 되면 좋은지 모둠끼리 토의했다.
"우리 모둠은 민들레 같은 친구가 되어야 한다고 하였습니다. 민들레는 강아지 똥에게 예쁘게 말합니다. 강아지똥과 힘을 합쳐 민들레꽃을 피우는 것을 보고 감동받았습니다."

모둠 토의 후 '민들레꽃이 피었습니다' 놀이를 했다.
"민들레꽃이 피었습니다 놀이 할까? 선생님이 말할 때 동작도 따라 해 봐."
"민들레꽃이 인사합니다."
"안녕하세요~."
아이들이 앞으로 오면서 인사한다.
"민들레꽃이 춤을 춥니다." 아이들이 신나게 춤을 춘다.
놀 시간, 장소, 친구만 있으면 놀이는 숨 쉬듯 시작된다. 이후 민들레 노래를 유튜브에서 찾아 함께 불렀다.

강아지똥이 꿈을 이루었는지 질문했다. 민들레꽃을 피웠기 때문에 꿈을 이루었다고 한다. 강아지똥은 민들레꽃을 만들어 행복하고, 아이들은 민들레꽃 속에 깃든 강아지똥을 떠올리며 행복하다.

"다음 시간 화단에 핀 민들레를 관찰하고 그림을 그려 볼까?"란 말에 "예"라고 대답하는 아이들 얼굴에 노란 민들레꽃 웃음이 핀다.

## 아이들과 함께 만들어 가는 그림책 놀이수업 교수 학습안

| 단계 | 그림책 놀이수업 교수·학습 활동 | 질문 | 놀이 |
|---|---|---|---|
| 도입 | ◉ **학습문제 확인**<br>**강아지똥이 꿈을 이루었는지 알아보자.**<br>◉ **(놀이) 맛있는 오렌지 놀이하기**<br>-맛있는 오렌지 놀이를 해보자.<br>◉ **(전체 질문)**<br>-참새가 강아지똥을 더럽다고 말해도 되나? | 더럽다고 말해도? | 맛있는 오렌지 놀이 |
| 전개 | ◉ **(전체 질문)**<br>- 강아지똥이 흙덩이로 인해 울다가 울음을 그친 이유는?<br>- 흙덩이처럼 실수했을 때 잘못했다고 친구에게 사과한 경험은?<br>◉ **(짝 질문)**<br>- 아파하는 강아지똥에게 해줄 위로의 말은 무엇인가요?<br>◉ **(놀이) 사랑해요 박수 놀이**<br>- 사랑해요 박수 놀이를 해보자.<br>◉ **(모둠 질문)**<br>- 나는 어떤 친구가 되어야 하나?<br>- 강아지똥의 진정한 친구는 누구일까?<br>◉**(놀이) 민들레꽃이 피었습니다 놀이**<br>- 민들레꽃이 피었습니다 놀이를 해보자.<br>◉ **(전체 질문)**<br>- 강아지똥은 꿈을 이루었을까? | 울음 그침?<br><br>사과 경험?<br><br><br>위로 말?<br><br><br><br><br>어떤 친구?<br>진정한 친구?<br><br><br><br>강아지똥 꿈은? | <br><br><br><br><br><br><br>사랑해요 박수 놀이<br><br><br><br>민들레꽃이 피었습니다 놀이 |
| 마무리 | ◉ **(질문, 놀이) 본깨적 놀이**<br>- 내가 알게 된 것을 본깨적 놀이로 발표해볼까?<br>**(손을 잡고)** 알궁근적 본깨적!<br>수업에서 본 것, 깨달은 것, 실천할 부분을 말함 | 알게 된 점? | 본깨적 놀이 |

## 그림책 놀이 방법

### 맛있는 오렌지 놀이

① '맛있는'이라는 말을 한 후 단어를 이어서 말한다.
② 단어가 먹는 것이면 박수를 한번 친다.
예) 맛있는 오렌지~(짝)
③ 단어가 먹는 것이 아니면 박수 치면 안 된다.
예) 맛있는 강아지똥(치면 안 됨)

### 사랑해요 박수 놀이

① '사'라는 말을 하고 박수 한번을 친다. '랑', '해', '요'라고 한 후에도 박수 한번을 친다.
② '사랑'이라는 말을 하고 박수 두 번(짝짝), '해요'라고 한 후 박수 두 번(짝짝)을 친다.
③ "사랑해요" 말하고 "짝짝짝짝" 박수 네 번을 친다(연속 두 번).
④ 강아지똥을 응원하는 말을 마지막에 넣는다.

### 민들레꽃이 피었습니다 놀이

① 술래가 "민들레꽃이 피었습니다"를 외치고 뒤를 본다.
② 이때 움직인 학생은 술래 뒤에 붙는다.
③ 연극 요소를 넣어 말한다.
"민들레꽃이 인사합니다"라고 하면 술래를 향해 오던 아이는 멈추고 인사를 한다.

# 내 꿈의 지도는?
## 내가 만난 꿈의 지도

《내가 만난 꿈의 지도》ⓒ 유리 슐레비츠, 시공주니어

《내가 만난 꿈의 지도》는 전쟁 중 세계지도를 통해 재미와 의미를 찾은 아이가 꿈을 이루는 이야기다. 그림책에는 먹을 것을 사러 간 아버지를 기다리는 아들이 나온다. 배가 고팠던 아들은 빵 대신 세계지도를 사 온 아버지를 용서하지 않는다. 그러나 다음 날 아버지가 사 온 낡은 지도는 아들의 호기심을 자극한다. 지명 외우기, 그림 그리기, 상상의 여행을 떠나는 보물지도가 된다. 시간이 지난 후 아들은 빵 대신 지도를 사 오신 아버지가 옳았다고 고백한다.

만약 아버지가 지도 대신에 작은 빵을 샀다면 어떤 결과가 생겼을까? 하루 동안 배가 즐거웠겠지만, 다음 날부터 전쟁의 공포 속에서 의미 없이 살았을 것이다.

《죽음의 수용소에서》를 쓴 빅터 프랭클은 아우슈비츠 수용소에서 언제 죽을지 모르는 수감자였다. 모든 자유를 박탈당했다고 생각한 어느 날 간수가 뺏을 수 없는 자유가 내게 있음을 깨닫고 삶의 의미를 찾는다. 빅터 프랭클은 아내와 자녀를 만나기 위해 삶을 포기하지 않는 사람들이 오랫동안 생존하는 것을 관찰한다. 극적으로 수용소에서 살아남은 빅터 프랭클은 수용소 경험을 토대로 정신이 힘든 사람들을 치료하는 로고테라피라는 정신의학을 만든다.

어려운 상황에서 삶의 의미를 찾는 것은 중요하다. 전쟁 중 세계지도를 통해 삶의 의미를 찾았던 주인공은 행운아이다. 아들에게 지도는 빅터 프랭클의 자유와 같은 것이다. 아들은 상상 놀이를 하는 동안 자유로웠고, 빅터 프랭클처럼 삶의 의미를 찾았다.

그림책에 나오는 아들은 유리 슐레비츠라는 실제 인물이다. 유리 슐레비츠는 아버지가 사 오신 세계지도를 계기로 미술가가 되어, 자신이 주인공인 그림책을 만들었다. 어려운 상황에 자기만의 의미를 부여해, 꿈을 이룬다.

《보물지도》를 쓴 모치즈키 도시타카 역시 서른여섯 살까지 실패를 거듭했다. 회사에서 해고당하고 빚도 많이 졌지만 스스로 꿈을 이루는 보물지도를 만든다. 보물지도는 내가 생각하는 꿈을 시각화한 것이다. 큰 종이에 꿈을 쓰고, 이미지와 사진을 붙인다. 이것을 방에 붙여 날마다 보면서 실천하며 목표를 달성했다. 자신이 하나씩 이룬 보물지도는 책으로 출간되어 베스트셀러가 되었다. 모치즈키 도시타카는 보물지도를 통해 자신이 살고 싶은 삶을 살고 있다.

나에게도 꿈의 지도가 있다. 교사가 되기 전 회사생활을 잠시 한 적이 있다. 입사한 지 2년이 지나 승진 교육을 받을 때였다. 내가 좋아하고 잘하는 것이 무엇인지 생각하는 시간이 있었다. 어린이를 좋아하고 가르치는 것이 좋아 '21세기 최고 현장 교육자'를 종이에 적었다. 적으면서 현실 가능성이 없다고 웃었던 종이는 내 꿈의 지도가 되었다. 수첩에 항상 간직하고 있던 꿈의 지도는 내게 수능을 준비하는 용기를 주었고, 34살에 초등교사가 되게 했다. 아이가 가진 꿈의 지도를 함께 찾는 교사의 삶이 행복하다.

 **수업 속으로**

꿈의 지도란 무엇일까 질문하자 다양한 대답이 나온다.
"꿈의 세상을 그린 지도입니다."
"꿈에 나오는 지도입니다."
답을 말하지 않고 그림책을 읽자 아이들이 그림책에 빠져든다.
전쟁이 온 나라를 덮어 가족이 피난 가는 장면이 나온다.
그러던 어느 날 아버지가 먹을 것을 위해 무엇을 하는지 물었다.
"도적이 되었을 것 같아요."
"일자리를 찾으러 갔어요."
아빠가 시장에 빵을 사러 갔다는 말에 "아~하, 하하하하" 아이들 웃음이 터졌다.

주인공 아버지가 시장가는 장면에서 '시장에 가면' 놀이를 했다.
"시장에 가면 생선도 있고."
"시장에 가면 생선도 있고 옷도 있고."
"시장에 가면 생선도 있고 옷도 있고 빵도 있고."
시장에 있는 물건을 연결하며 아이들과 놀았다. 놀이라는 샛길이 수업 시간을 즐겁게 한다.

아빠는 밤이 되어 집에 온다. 손에는 빵 대신 지도가 있다. 아들이 아빠를 용서하지 않는 부분에서 아이들 생각을 물었다.

"아들이 아무것도 먹지 못했잖아요. 그러니 배도 고프고 화가 나는 거예요."

"아빠가 빵을 사서 온다는 약속을 안 지켜 화가 난 거예요."

빵을 먹을 수 있다는 기대가 무너졌기 때문에 당연히 용서하지 않는다고 말한다.

"만약 나라면 지도를 사 온 아버지에게 어떻게 말했을까?" 짝끼리 토의하게 했다.

"화가 날 때 마음속으로 짜증 냅니다."

"아빠에게 '왜 빵 안 사와요?' 말하면서 안마하듯이 때려요."

아이들이 다양한 방법을 말한다.

아이들과 그림책 속 어려운 지명으로 말놀이를 했다.
"그림책 속 어려운 지명이 있네. 틀리지 않고 말해 봅시다."
"후쿠오카, 다카오카, 옴스크,
후쿠야마, 나가야마, 톰스크,
오카자키, 미야자키, 핀스크,
펜실베이니아, 트란실바니아, 민스크."
4명이 한 팀이 되어 3개씩 말했다. 틀리지 않게 말하는 것이 어렵다.

아들이 지도를 보며 몇 시간씩 상상 놀이를 하는 장면이 나온다. 아이들에게 몰입 경험을 물었다.

"그림책 속 아들처럼 마법에 홀린 듯 몇 시간을 보낸 경험이 있니?"
"친구들과 모래 놀이 하다가 시간이 가는지 몰랐어요."
"책을 읽다가 시간이 많이 갔어요."
"시간 가는 줄 모르고 그림 그리다가 엄마에게 혼났어요."
 지도의 중요성을 안 아들이 아빠를 용서하는 그림책 장면을 읽었다. 아이들이 중요하게 생각하는 것이 무엇인지 알기 위해, '빵이냐, 지도냐?'로 모둠 토의 했다.
"난 지도가 중요해. 왜냐하면 꿈을 이루는 데 도움이 되기 때문이야."
"난 빵이 중요해. 배가 고파 죽으면 난 아무것도 아니기 때문이야."
"조금 안 먹는다고 죽지 않아. 미래를 생각하면 지도가 더 중요해."
"상황에 따라 다르지 않을까? 배고파 죽으려 할 때는 빵을 먹고, 좀 견딜 수 있으면 지도를 택하면 좋겠어."
 아이들은 양쪽이 다 필요하지만, 상황에 따라 우선순위가 바뀐다고 한다.
"우리에게 빵이나 지도는 무엇이니?"
"빵은 휴대폰 게임이고, 지도는 책입니다. 피아니스트를 꿈꾸는 사람은 피아노입니다."
"꿈을 이루기 위해 어떻게 하면 될까?"
"꿈에 따라 공부나 피아노 연습을 꾸준히 합니다. 공부나 피아노가 꿈의 지도이기 때문입니다. 내가 할 일을 다 하면 남는 시간에 휴대폰을 합니다."
 그림책 속 아들에게 지도는 어떤 의미였을까 물었다.
"꿈을 이루게 한 보물입니다. 미술가라는 꿈을 이루었기 때문입니다."

"친구와 같아요. 전쟁 중에 아들은 지도를 보며 위로를 받았어요."
내가 만난 꿈의 지도를 쓴 유리 슐레비츠가 그림책의 실제 아들이라고 말하자 아이들이 진짜냐며 소리 지른다.

아이들과 함께 세계 일주 가위바위보 놀이를 했다.
"상상 속 세계여행을 떠나 볼까? '친구와 세계 일주해요' 율동을 하고 가위바위보를 할 거야. 이긴 친구는 '이겼다'라고 말하면서 뒤로 돌면 진 친구는 이긴 친구 뒤에 붙는 거야."
두 팀이 남았을 때 상대 기차와 하이파이브를 한 후 마지막 가위바위보를 했다. 곧이어 하나의 기차가 만들어졌다. 흥에 취해 아이들과 교실, 복도를 돌며 세계 일주를 하였다.

전쟁을 가볍게 생각하지 않게 집과 부모를 잃은 아이 삶을 동영상으로 시청했다. 전쟁 속 난민들이 집도 없이 구호품으로 식사하는 것을 보고 아이들이 대답한다.
"선생님, 우리가 대한민국에 사는 것은 행복인 것 같아요."
아이들이 꿈을 꾸고, 일상을 감사하게 바라보게 하는 수업이었다.

## 아이들과 함께 만들어 가는 그림책 놀이수업 교수 학습안

| 단계 | 그림책 놀이수업 교수·학습 활동 | 질문 | 놀이 |
|---|---|---|---|
| 도입 | ◉ **학습문제 확인**<br>**내 꿈의 지도를 찾고 꿈을 이루는 방법을 알아보자.**<br>◉ **(전체 질문)**<br>- 내가 만난 꿈의 지도란?<br>- 먹을 것이 부족한 어느 날 아버지는 어떻게 했을까?<br>◉ **(놀이) 시장에 가면 놀이하기**<br>- 시장에 가면 놀이를 해보자. | 꿈 지도?<br>아버지는? | 시장에 가면 놀이 |
| 전개 | ◉ **(전체 질문)**<br>- 지도를 사 온 아빠에 대해 어떻게 생각하는가?<br>◉ **(짝 질문)**<br>- 가족에게 화가 나면 어떻게 말해야 할까?<br>◉ **(놀이) 틀리지 않고 말하기 놀이하기**<br>- 틀리지 않고 말하기 놀이를 해보자.<br>◉ **(전체 질문)**<br>- 그림책 속 아들처럼 마법에 홀린 듯이 몇 시간을 보낸 것이 있니?<br>◉ **(모둠 질문)**<br>- 빵이냐 지도냐?<br>◉ **(전체 질문)**<br>- 꿈을 이루기 위해 어떻게 해야 할까?<br>◉ **(놀이) 세계 일주 가위바위보 놀이하기**<br>- 세계 일주 가위바위보 놀이를 해보자. | 지도 산 아빠?<br><br>화가 나면?<br><br><br><br>몰입 시간?<br><br>빵? 지도?<br><br>꿈 이루기? | 틀리지 않고 말하기 놀이<br><br><br><br><br>세계일주 가위바위보 놀이 |
| 마무리 | ◉ **(질문, 놀이) 본깨적 놀이**<br>- 내가 알게 된 것을 본깨적 놀이로 발표해볼까?<br>**(손을 잡고) 알궁근적 본깨적!**<br>수업에서 본 것, 깨달은 것, 실천할 부분을 말함 | 알게 된 점? | 본깨적 놀이 |

## 그림책 놀이 방법

### 시장에 가면 놀이

① "시장에 가면"이라는 말을 한 후 시장에서 파는 물건을 말한다.
　예) 이제 시장에 가면 놀이를 해 볼까?
　　　"시장에 가면 생선도 있고."
② 두 번째 사람이 앞사람 내용을 이어 말한다.
　예) "시장에 가면 생선도 있고 옷도 있고."
③ 다섯 명까지 성공하면, 놀이를 처음부터 다시 진행한다.

### 틀리지 않고 말하기 놀이

① 어려운 지명 이름을 칠판에 적는다.
　예) 후쿠오카, 다카오카, 옴스크
　　　후쿠야마, 나가야마, 톰스크
　　　오카자키, 미야자키, 핀스크
　　　펜실베이니아, 트란실바니아, 민스크
② 틀리지 않고 말하기 놀이를 진행한다.
③ 4명이 한 팀이 되어 3개씩 말하거나, 한 사람이 말한다.

### 세계일주 가위바위보 놀이

① 가위바위보를 이긴 학생이 "이겼다"라고 말하면서 뒤로 돌면, 진 학생은 이긴 친구 어깨를 잡는다.
　예) 친구와 세계 일주해요(3번 연속 부르며 가위바위보 할 사람 만남) 참 행복해요(노래 끝나면 가위바위보)
② 두 팀이 되면 상대 기차와 하이파이브 인사를 한다.
③ 두 팀이 가위바위보를 해 하나의 기차를 만든 후 교실을 일주한다.

## 03

# 나는 왜 이 세상에 존재하는가?
## 커다란 질문

《커다란 질문》 ⓒ 볼프 에를브루흐, 베틀북

　《커다란 질문》은 각자 태어난 이유가 다름을 말하는 동시에 어떻게 살 것인지 고민하게 만드는 그림책이다. 그림책을 펼치면 멋진 질문이 나올 것이라 기대하지만, 책의 어느 부분에도 질문은 없다. 다양한 이들의 각기 다른 대답이 나올 뿐이다. 그림책을 읽으면서 커다란 질문을 생각하면 "나는 왜 이 세상에 존재하는가?"란 내 마음에 숨어 있는 질문 하나가 고개를 내민다.

질문을 품고 그림책을 다시 읽으니, 다양한 이들의 모습이 나타난다. 조금 전 읽었던 그림책과 다른 느낌으로 그림책이 말을 건다. 마지막 뒷 표지에 "나는 왜 이 세상에 있는 건가요?"란 질문이 보인다.《커다란 질문》은 이 세상에 태어난 이유를 묻는다. 새는 노래, 개는 짖기 위해 태어났다. 바위는 한자리에 머물기 위해, 엄마는 자녀를 사랑하기 위해 태어났다. 각자가 처한 환경, 경험에 따라 태어난 존재 이유는 달라진다.

삶의 존재 이유가 우리 행동을 바꾼다. 청년 시절 청교도 정신이 좋아 절제된 생활을 하려고 노력했다. 술을 먹지 않겠다고 다짐한 것을 군에서 지켰고, 차가 없는 상태에서 연애하고 결혼했다. 차는 집을 사고 난 후, 아내가 둘째를 임신할 때 마련했다. 청교도 정신보다 행복한 배움과 나누는 삶이 더 중요해지자 생각이 자유로워졌다. 집과 차를 가지고, 삶을 즐기면서도 어려운 사람을 예전보다 더 많이 도왔다.

교사가 되어서 매년 아이들과 비전 수업을 한다. 아이들이 좋아하고 잘하는 것을 적고 꿈을 찾는다. 꿈을 위한 준비와 꿈을 이룬 후 나누는 삶을 토의한다.

당시 초등학교 3학년이던 제자 대혁이는 UN 사무총장이 되어 세계 평화에 기여하고 싶어 했다. 고등학생 때는 기자가 되어 사회를 공정하게 만들고자 했다. 현재는 아이들을 행복하게 하는 초등교사가 되고 싶어 교육대학교에 다니고 있다. 세계평화, 공정사회라는 담론이 아이 행복으로 바뀌었지만, 누군가를 돕는 마음은 그대로다.

죽음을 앞둔 사람이 가장 많이 하는 후회 중 하나가 '내가 원하는 삶을 살았더라면'이라고 한다. 후회하지 않으려면 내가 원하는 삶을 살아야 한다. 죽음을 앞둔 분들의 후회를 질문으로 바꾸어 내가 원하는 삶을 살아야 한다.

우리 모두 '나는 왜 태어났는가?'란 커다란 질문에 한걸음 씩 나아가자. 학교에서 아이들에게 커다란 질문을 찾아주자. 아이들에게 커다란 질문을 품게 하고 함께 답을 고민하자.

 **수업 속으로**

"선생님이 오늘 읽어 줄 그림책은 커다란 ○○이야. ○○이 뭘까?"
다섯 고개 놀이를 했다. 처음 3가지 질문은 '예, 아니요'로만 대답이 가능하고, 마지막 2개는 어떤 질문도 괜찮다고 말했다.
"살아 있습니까?"
"아니요."
"평소 우리 주변에 있습니까?"
"예."
"우리 교실에도 있습니까?"
"예."
네 번째 질문을 기다렸다는 듯이 아이가 말한다.
"어떨 때 사용합니까?" "
"우리가 무엇인가를 잘 모를 때 사용해."
"아~ 질문입니까?"
"맞아 질문이야. 오늘 그림책 제목이 무엇일까?(표지를 보여주며)"
아이들이 '커다란 질문'이라고 정답을 맞힌다.

"수업 시간에 질문하는 것은 중요해. 세상에 쓸데없는 질문이 있을까?"
"있어요. 엄마는 내가 어떻게 태어났냐니까 쓸데없는 질문 하지 말라고 했어요."

그것이 쓸데없는 질문일까 물으니 아이들이 동시에 "아니요"라고 말한다. 상대에게 피해를 주지 않는 한 질문은 소중하다고 말했다.

질문은 질문이지 왜 '커다란 질문'이냐고 아이들에게 물었다. 정말 중요한 질문이기 때문이라고 한다. 그림책에서 말하는 커다란 질문은 "나는 왜 이 세상에 있는 것인가?"라고 했다. 아이들을 앞에 두고 그림책을 천천히 읽었다. 새는 노래하기 위해 이 세상에 왔고, 숫자 3은 언젠가 셋까지 세기 위해 이 세상에 왔다고 한다.

"헐~." 아이들이 이해가 안 된다는 반응을 보였다.

"왜?"

"숫자 3이 셋을 셀 수 없는 것이 웃겨서요."

나는 나를 잘 아는지 물으니 아니라고 한다. 태어날 때 우리가 3을 셀 수 있었을까 물으니 역시 아니라고 한다. 그러더니 아이들이 숫자 3이 말한 것을 이해한다. 나도 내가 누구인지 다 모른다는 것, 지금 잘하는 것이 처음에는 어려웠던 것을 깨달았기 때문이다. 숫자 3처럼 지금은 어렵지만 언젠가 잘하고 싶은 것을 질문했다. 수학, 게임, 운동, 공기놀이가 나온다.

그림책에 나오는 존재들은 각자 다른 대답을 내놓는다. 정원사 이야기로 아이들에게 질문했다.

"정원사는 왜 참을성을 배우기 위해 태어났다고 했을까?"

"씨를 심어서 싹이 나고 열매를 맺으려면 시간이 걸리잖아요. 만약 참지 못하고 땅을 파면 식물이 죽으니까 정원사는 참을성을 배워야 해요."

씨 속에 열매를 보고 식물을 키우는 정원사와 아이 마음에 있는 보물을 보고 성장시키는 교사의 숙명은 기다림이리라.

"글쎄, 난 할 말이 별로 없는 걸."
오리는 커다란 질문에 '할 말이 없다'고 한다. 오리를 어떻게 생각하는지 물었다. 오리처럼 세상을 살아갈 수 있다고 한다. 커다란 질문을 생각하다 보면, 적당한 시기에 오리도 할 말이 생길 것이라고 했다. 커다란 질문을 쉽게 표현해보자고 했다. 짝과 토의한 결과 '내 꿈은 무엇일까'가 많이 나온다.
'내 꿈은 무엇일까'로 모둠 토의를 했다.

아이들 토의 내용을 꿈 표현 놀이로 모둠 발표했다.
"지금부터 꿈 표현 놀이를 해보자. 모둠에서 한 명씩 꿈 발표할 친구를 먼저 뽑아볼까? 꿈을 몸으로 표현하면 여러분이 맞히면 돼. 여러분이 꿈을 맞히면 발표자가 자기 꿈을 말하고, 꿈으로 누구를 돕고 싶은지 발표하는 거야."
철진이가 나와 몸을 뻣뻣하게 움직이다가 멈춘다. 그리고 자기 몸을 토닥토닥하고 돌리니 몸이 다시 잘 움직인다.
"과학자"
"과학자는 과학자인데 앞에 두 글자가 더 있습니다."
그러면서 몸을 로봇처럼 움직이자 로봇 과학자란 답이 나온다.
"맞습니다. 제 꿈은 로봇 과학자입니다. 로봇 과학자가 되어 다리가 불편한 사람이 잘 걷도록 돕고 싶습니다."

그림책 마지막 부분을 읽었다.

"엄마는, '너를 정말 사랑하기 때문이란다'라고 말해주었어요. 앞으로 더 많은 답을 찾아낼 수 있을 거예요. 커다란 질문에 대한 나만의 답을 말이에요."

커다란 질문에 대한 답은 각자 모두 다르다는 것을 그림책이 말해준다.

"지금까지 읽었던 책 중에서 가장 재미있어요."

"왜? 그런 생각이 들었어?"

"하나의 질문에 좋은 답이 너무 많아 머릿속이 하얗게 된 느낌이 들어서요."

아이들이 책의 의미를 알까 고민했는데 재미있다고 하니 기뻤다.

꿈을 이루기 위한 한 걸음 술래를 하였다.

"우리가 꿈을 이루기 위해선 날마다 한 걸음씩 앞으로 가면 돼. 한 걸음씩 가다 보면 언젠가 꿈은 이루어져. 한 걸음 하면 한 걸음만 가는 거야. 술래에게 잡힌 친구는 함께 술래가 되는 거야. 친구들 모두 잡히면 우리 꿈은 모두 이루어지는 거야. 꿈을 이루기 위한 한 걸음 술래 시작~."

놀이 후 아이들과 날마다 해야 하는 일을 알아보았다. 운동, 가방 정리, 스스로 일어나는 것, 아침 밥 먹기 등이 나온다. 이 중 꼭 해야 할 일을 하나 정하고 매일 실천해보라고 했다. 좋은 습관을 향해 한 걸음씩 앞으로 나가는 아이들을 응원한다.

## 아이들과 함께 만들어 가는 그림책 놀이수업 교수 학습안

| 단계 | 그림책 놀이수업 교수·학습 활동 | 질문 | 놀이 |
|---|---|---|---|
| 도입 | ◉ **학습문제 확인**<br>**나의 커다란 질문을 찾고 한 걸음씩 실천하여 보자.**<br>◉ **(전체 질문)**<br>- 그림책 제목이 커다란 ○○이다. ○○은 무엇일까?<br>  (다섯 고개 놀이 후 정답을 말함 : 질문)<br>◉ **(놀이) 다섯 고개 놀이하기**<br>- 다섯 고개 놀이를 해보자. | ○○은<br>무엇일까? | 다섯 고개<br>놀이 |
| 전개 | ◉ **(전체 질문)**<br>- 쓸데없는 질문이 있을까?<br>- 커다란 질문이란?<br>- 지금은 어렵지만 언젠가 잘하고 싶은 것은?<br>- 정원사는 왜 참을성을 배우기 위해서라고 했을까?<br>- 오리에 대해 어떻게 생각하니?<br>◉ **(짝 질문)**<br>- 커다란 질문을 쉬운 말로 하면 무엇인가?<br>◉ **(모둠 질문)**<br>- 내 꿈은 무엇인가?<br>◉ **(놀이) 꿈 표현 놀이하기**<br>- 꿈 표현 놀이를 해보자.<br>◉ **(놀이) 한 걸음 놀이하기**<br>- 한 걸음 놀이를 해보자.<br>◉ **(전체 질문)**<br>- 날마다 내가 해야 할 한 걸음은? | 쓸데없는?<br>커다란?<br>언젠가?<br>정원사?<br>오리?<br><br>커다란<br>질문?<br><br>내 꿈?<br><br><br><br><br>나의<br>한걸음은? | <br><br><br><br><br><br><br><br><br><br>꿈 표현<br>놀이<br><br>한 걸음<br>놀이 |
| 마무리 | ◉ **(질문, 놀이) 본깨적 놀이**<br>- 내가 알게 된 것을 본깨적 놀이로 발표해볼까?<br>**(손을 잡고) 알궁근적 본깨적!**<br>수업에서 본 것, 깨달은 것, 실천할 부분을 말함 | 알게<br>된 점? | 본깨적<br>놀이 |

## 그림책 놀이 방법

### 다섯 고개 놀이

① 5개 질문을 답을 알고 있는 상대에게 한다.
② 앞쪽 3개 질문은 "예, 아니오"로 답할 수 있는 질문만 한다.
   예) 동물입니까? 아니오.
③ 뒤쪽 2개 질문은 어떤 질문도 가능하다.
   예) 어떨 때 많이 사용합니까?
      -무엇인가를 잘 모를 때 사용합니다.
④ 질문과 대답을 유추해 상대가 생각하는 것을 맞춘다.

### 꿈 표현 놀이

① 꿈을 몸으로 표현한다.
   예) 발로 공을 차는 모습을 보인다.
② 몸으로 표현한 것을 관찰해 친구가 맞춘다.
   예) 축구선수라고 정답 말함.
③ 맞추면 꿈 소개와 이유를 발표한다.
   예) 내 꿈은 축구선수입니다. 우리나라를 대표하는 공격수가 되어 사람들에게 행복을 주겠습니다.

### 한걸음 놀이

① 술래가 "한 걸음"이라고 외친다.
② 친구들이 한 걸음 이동한다. 이때 술래는 제자리에 있다.
③ 술래가 다시 "한 걸음"이라고 말하면 같이 한 걸음을 간다. 술래는 친구를 잡는다.
④ 잡힌 친구는 술래가 되어 함께 친구들을 잡는다. 이때 술래는 손을 앞으로 뻗는다.

# 학생으로 모아야 할 것은?

## 프레드릭

《프레드릭》ⓒ 레오 리오니, 시공주니어

《프레드릭》 그림책은 각자 가진 재능이 다름을 인정하고 살아갈 때 모두 행복한 것을 보여준다. 돌담 들쥐 가족은 겨울이 다가오자 열심히 곡식을 모은다. 들쥐 가족은 가만히 앉아 있는 프레드릭을 보며 함께 일하자고 한다. 그러자 프레드릭은 자신도 햇살, 색깔, 이야기를 모으면서 일하고 있다고 한다.

교실에도 자기 세계에 빠져 있는 프레드릭 같은 아이가 있다. 신규 교사 시절 나도 생쥐 가족처럼 교실 안에서 모두 똑같이 규칙을 지켜야 하고, 열심히 수업에 참여해야 한다고 말했다. 지금은 개인마다 다른 기질과 살아온 환경을 인정한다. 감기 증상에 따라 약이 다르듯, 아이에 맞추어 수업 접근 방식도 조금씩 다르게 한다. 규칙을 똑같이 시행하기에는 아이 출발점이 다르다. 교육은 강요한다고 되는 것이 아니다. 믿고 기다리면 프레드릭 같은 아이도 수업에 몰입한다. 수업이 살아 숨 쉬게 돕는다.

남보다 늦게 교사가 된 나도 어쩌면 프레드릭이다. '놀이는 수업이 될 수 없다'라고 할 때 아이들을 행복하게 하는 교실놀이를 준비했다. 훈육 방식의 생활지도가 사라져 새로운 대안이 필요할 때 아이와 했던 교실놀이는 햇살과 이야기가 되어 다른 선생님과 나누는 양식이 되었다.

프레드릭을 읽다 보면 양식을 모으던 개미 옆에서 노래 부르던 베짱이가 떠오른다. 겨울이 되어 양식을 구하러 온 베짱이에게 개미는 여름에 무엇을 했냐고 야단친다. 이 이야기는 이솝이 살던 농경사회에서는 맞지만, 창의융합 인재가 필요한 4차 산업혁명 시대에는 어울리지 않는다. 베짱이도 여름 동안 노래 연습을 열심히 했다. 그는 노래 연습으로 인정받아야 한다.

프레드릭처럼 보이지 않는 지식을 만들어 사람을 즐겁게 하는 분야는 필요하다. K-POP의 대명사 BTS, 축구선수 손흥민, 축구 감독 박항서, 야구선수 류현진은 우리나라를 알리는 1등 공신이다. 물건을 수출하는 것보다 더 많은 가치를 만든다.

아무것도 하지 않는 것 같은 프레드릭의 행동은 창의와 관련된 일이다. 교사는 교실 속 프레드릭을 찾아 다름을 인정하고 창의성을 키워주어야 한다. 피터 드러커의 《성과를 향한 도전》에서 성과를 올리는 경영자는 사람 강점을 세워준다. 교사가 아이 강점을 살려주면 교실은 건강해지고, 사회는 행복해진다.

프레드릭은 시인이다. 시는 순수한 감정을 불러일으킨다. 졸업 후 찾아온 제자는 수업 시간 읽었던 안도현의 〈스며드는 것〉을 잊지 못한다 했다. 나 역시 시를 읽으며 눈물이 나왔다. 시 낭송이 끝나고 교실 전체에 적막이 흘렀다. 아이들 가슴이 시로 먹먹해졌다. 시를 통해 감동적 순간을 만난 후 간장게장을 좋아하지 않는다. 시는 좋아하는 음식 기호까지 바꾸는 감성적인 언어다. 프레드릭 같은 시인에게 감사한 하루다.

 **수업 속으로**

모든 들쥐 가족이 일할 때 프레드릭은 조는 듯이 앉아 있다. 꿈꾸고 있냐는 들쥐들 원망에 프레드릭은 "이야기를 모으고 있다"고 한다. 한 아이가 "헐"이라 한다.

"방금 왜 헐이라고 했어?"

"일 안하고 가만히 있는 것이 얄미워요. 프레드릭은 정말 게으른 것 같아요."

"우리 반에 프레드릭이 있으면 어떨 것 같아?"

"짜증 나요. 다른 친구는 열심히 하는데 혼자 놀잖아요."

아이 말을 경청한 후, 그림책을 계속 읽었다.

"들쥐들은 나무 열매, 곡식 낟알을 갉아먹은 후 찬바람이 스며드는 겨울에 누구 하나 재잘대고 싶어 하지 않았습니다."

"들쥐들은 왜 재잘대고 싶지 않았을까?"

"춥고 배고파서 그래요. 이럴 때 말하면 배가 더 고파요."

"이제 어떤 일이 일어날까?"

"무언가 반전이 있을 것 같아요."

아이 대답을 듣고 프레드릭이 모은 양식, 즉 이야기를 통해 들쥐 가족이 행복하게 된 부분을 읽었다.

프레드릭에 대해 바뀐 생각은 없는지 물었다.

"처음에는 프레드릭이 특이하게 행동해 얄미웠어요. 그런데 추운 겨울 무기력하던 들쥐 가족에게 힘을 줄 때 마음이 따뜻해졌어요."

프레드릭이 이해 안 되었는데, 가족이 행복해진 것을 보니 이해가 된다고 한다. 아이들에게 프레드릭의 직업을 물었다.

"프레드릭은 어떤 직업과 어울리는 것 같아?"

"시 짓는 사람이요."

"시 짓는 사람, 음악 하는 사람, 미술 하는 사람을 ㅇ ㅅ ㄱ 라고 해. 이게 뭘까?

아이들이 예술가라고 말한다. 예술가는 어떤 일을 하는지 물었다. 그림 그리기, 사진 찍기, 글쓰기, 노래를 부른다고 한다.

"예술을 접할 때 마음은 어때?"

"마음이 편안해지고 행복해져요."

프레드릭이 어떤 양식을 모았는지 물었다. 색깔, 햇살, 이야기라고 말한다. 모은 양식으로 놀이 활동을 했다.

"지금부터 잡아 모아 놀이 해볼까? 지우개를 꺼내어 두 사람 중간에 놓아. 오른손은 머리, 왼손은 배에 대고 있어! 선생님이 '잡아 프레드릭'이라고 말하면 머리 위 손으로 지우개를 잡는 거야. 잡아 플랑크톤, 잡아 플라스틱, 허리 펴고, 잡아 플랑케인슈타인, 잡아 프레드릭."

아이들이 지우개를 잡고 환호한다.

"한 번 더 할까? 준비, 잡아 플러스 한우, 잡아 프랑스, 잡아 뿔났다, 잡아 프레스, 잡아 프레그것, 잡아 프레드릭."

또 한 번 큰 환호가 들린다.

"프레드릭이 모은 것 있지? 이번에는 프레드릭이 모은 것을 말하면 잡는 거야. 모아 옥수수, 모아 햇살(잡는다), 모아 색깔(잡는다), 모아 색소폰, 모아 이순신, 모아 이방원, 모아 프레드릭, 모아 이야기(잡는다)."

들쥐, 프레드릭이 모은 것은 모두 소중하다고 말했다. 우리가 학생으로서 모아야 할 것을 짝끼리 토의했다. 아이들이 모아야 할 것을 말할 때 풍선에 바람을 한 번 넣었다. 아이들이 발표할 때마다 풍선이 커진다. 풍선 덕분에 반 전체가 발표를 다 했다.
"지식, 탐구, 인성, 생각, 수업, 느낌, 열정, 친구, 질서, 배려, 공부, 경청, 예의, 인사, 독서, 우정, 긍정, 발표, 사랑, 예의, 인사, 공감."

아이들이 말하는 것을 담아 큰 풍선을 만들었다.
"풍선에 여러분이 필요한 것을 모았어. 이 풍선은 교실 한 바퀴를 돌아 다시 선생님께 올 거야. 조건은 풍선이 한 번은 여러분 손에 닿아야 해. 풍선이 닿을 때, 풍선에 담긴 소중한 가치가 여러분 마음에 들어갈 거야. 풍선은 어떻게 옮겨야 할까?"
"풍선을 소중히 옮겨야 해요. 실수해도 다음에 잘하자고 해요."
그렇게 협동해서 옮기자고 했다.
처음에는 의자에 앉은 상태에서 손으로 잡아 풍선을 뒤로 보내 교실을 한 바퀴 돌았다. 그다음에는 풍선을 손으로 치게 했다.
"반 전체가 앉은 상태로 풍선을 손으로 쳐서 교실을 한 바퀴 돌게 해야 해. 지금부터 시작!"

처음 내 손을 떠난 풍선이 다시 돌아왔다. 이후 반 전체가 함께 행복하기 위해 모아야 할 것을 모둠 토의했다.

"친구들을 인정하는 것입니다. 처음에는 프레드릭이 놀기만 해 얄미웠는데, 가족이 행복해지는 것을 보고 놀랐어요. 친구의 다른 부분을 인정하고 좋게 봐야겠다고 생각했습니다."

"생각을 모으는 것입니다. 프레드릭이 음식을 모으지는 않았지만, 생각을 모았잖아요. 그것이 형제들을 행복하게 했어요. 우리 반도 생각을 모으면 행복해집니다."

"자기가 잘하는 것을 열심히 하는 것이에요. 저도 프레드릭처럼 지나가는 풍경, 색깔을 유심히 관찰해 친구에게 이야기해 주고 싶어요."

아이들이 프레드릭에 대해 불편해하다가 그의 예술적인 재능을 찾으면서 호감을 가진다. 친구와 다름을 인정하는 순간 행복해진다. 프레드릭에 관심을 가지는 아이들 덕분에 행복하다.

## 아이들과 함께 만들어 가는 그림책 놀이수업 교수 학습안

| 단계 | 그림책 놀이수업 교수·학습 활동 | 질문 | 놀이 |
|---|---|---|---|
| 도입 | ◉ **학습문제 확인**<br>**우리가 모아야 할 것을 알아보자.**<br><br>◉ **(전체 질문)**<br>- 들쥐 가족과 프레드릭이 모은 것은?<br>- 우리 반에 프레드릭이 있다면?<br>- 겨울 들쥐 가족이 힘들 때 어떤 일이 일어났니?<br>- 프레드릭은 어떤 직업과 어울릴까?<br><br>◉ **(놀이) 잡아 모아 놀이하기**<br>- 잡아 모아 놀이를 해보자. | 모은 것?<br>우리 반<br>프레드릭?<br>어떤 일?<br>어떤 직업? | 잡아 모아<br>놀이 |
| 전개 | ◉ **(짝 질문)**<br>- 학생으로서 모아야 할 것은?<br><br>◉ **(놀이) 배움 풍선 놀이하기**<br>- 배움 풍선 놀이를 해보자.<br><br>◉ **(전체 질문)**<br>- 풍선을 어떻게 옮겨야 할까?<br><br>◉ **(놀이) 한마음 풍선 놀이하기**<br>- 한마음 풍선 놀이를 해보자.<br><br>◉ **(모둠 질문)**<br>- 우리 반 전체가 행복하기 위해 꼭 모아야 할 것은? | 학생<br>모을 것?<br><br><br>풍선 규칙?<br><br><br>우리 반<br>행복? | 배움 풍선<br>놀이<br><br><br>한마음<br>풍선 놀이 |
| 마무리 | ◉ **(질문, 놀이) 본깨적 놀이**<br>- 내가 알게 된 것을 본깨적 놀이로 발표해볼까?<br><br>**(손을 잡고)** 알궁근적 본깨적!<br>수업에서 본 것, 깨달은 것, 실천할 부분을 말함 | 알게<br>된 점? | 본깨적<br>놀이 |

## 그림책 놀이 방법

### 잡아 모아 놀이

① 짝끼리 마주 보고 책상에 지우개를 놓는다.
② 왼손은 배, 오른손은 머리에 댄다.
③ 교사가 프레드릭을 말하면 오른손으로 지우개를 잡는다
④ 교사가 프레드릭이 모은 것을 말하면 오른손으로 지우개를 잡는다.

### 배움 풍선 놀이

① 학생으로 모아야 할 부분을 질문한다. 모으는 것은 학생으로서 배우고 채워야 하는 것이라고 말한다.
② 학생이 교실에서 모아야 할 것을 말한다.
③ 아이가 말할 때 교사는 풍선에 바람을 한 번 넣는다.
④ 한 번씩 발표 기회가 있고, 풍선이 일정한 크기가 되면 그만한다.

### 한마음 풍선 놀이

① 자리에 앉은 상태에서 손으로 풍선을 잡아 교실 한 바퀴를 돈다.
② 풍선을 손으로 쳐서 교실 한 바퀴를 돌게 한다.
③ 풍선이 바닥에 떨어지면 떨어진 자리에서 다시 시작한다.
④ 모든 아이가 한 번은 풍선을 치게 한다.

## 05
# 꿈을 이루어주는 주문은?
## 마법 침대

《마법 침대》ⓒ 존 버닝햄, 시공주니어

《마법 침대》는 마법 주문을 알아낸 아이가 마법 침대를 타고 밤마다 상상의 세계로 여행을 떠나는 이야기다. 어른의 세계에서는 상상이지만, 아이에게는 밤마다 일어나는 현실이다.

조지는 어디든 갈 수 있다는 마법 침대를 산다. 다만 '엄'으로 시작하는 다섯 글자 주문을 말해야 한다. 노력 끝에 보이지 않는 네 글자를 찾은 조지는 원하는 곳을 마음대로 여행한다.

마법 침대 주문을 보며 어린 시절 텔레비전에서 보던 "수리수리 마하수리 수수리 사바하"란 주문이 떠올랐다. "식량" 하면 식량이 생기고, "장풍" 하면 악당이 멀리 나가 떨어졌다. "수리수리 마하수리 수수리 사바하"가 "좋은 일이 있을 것이기 때문에 정말 기쁘다"라는 뜻임을 어른이 되어 알았다. 마법 침대 주문도 우리 모두에게 힘을 주는 행복한 글자일 것이다.

나에게도 힘을 주는 주문이 있다. '자신감, 열정'이라는 단어와 "나는 나를 사랑한다"는 문장이다. 힘들 때 외친 긍정 주문은, 내가 꿈을 향해 여행하도록 도와주었다. 다섯 글자 주문이 조지를 원하는 곳으로 여행하게 한 것처럼, 나만의 주문이 마음속 숨겨진 보물을 찾게 한다.

내가 만나는 아이는 기적의 아이다. 우주의 시간과 공간을 생각한다면, 아이와 1년간 함께한다는 것은 우주에서 좁쌀을 떨어트려 콜라병에 넣는 확률보다 어렵다. 소중한 인연으로 만난 아이에게 긍정의 말을 하자. 마법 침대에 맞는 주문을 말하면 원하는 곳으로 가듯, 긍정적인 아이는 스스로 기회의 문을 만든다.

교실에서 반항적인 표정과 말을 하는 아이를 만난다. 신규 교사 시절에는 아이 마음이 보이지 않았다. 《어린 왕자》에 나오는 모자 모양에서 보아뱀 속 코끼리가 보이는 것처럼, 이제는 거친 말투에 숨어 있는 아이 마음이 보인다. 반항하는 아이의 아픈 마음이 읽히자 아이를 보는 눈이 따뜻해졌다. 그런 아이가 교실에 있으면 따뜻한 눈빛을 담아 응원하며, 긍정 주문을 찾도록 도와주었다.

어린 왕자는 장미꽃과 생긴 오해로 인해 살던 별을 떠났다. 어린 왕자가 떠난 별이 아름다웠던 이유는 어린 왕자에게 길들여진 장미꽃 한 송이가 있기 때문이다. 여행하는 과정에서 어린 왕자는 장미꽃을 사랑하는 것을 깨닫는다. 그는 생명까지 버리고 자기 별로 돌아간다.

교사가 아름다운 이유는 무엇일까? 아이와 함께 울고, 웃기 때문이다. 아이와 함께 학교라는 마법 침대를 타고 여행하자. 아이와 행복한 일상을 즐기자. 미래를 바라보며 꿈을 응원하자.

 **수업 속으로**

그림책을 펼쳤다. 아이들에게 조지와 아빠가 산 낡은 침대가 마법 침대라고 말했다. 침대에 누워 소원을 빌고 '엄'으로 시작하는 다섯 글자 주문을 외우면 어디든 간다고 했다. 주문을 찾아보라 하니, 자신이 조지가 된 것처럼 들떠서 찾는다.

"엄마 사랑해, 엄청난 보물, 엄청난 여행, 엄마 호랑이, 엄청난 모험, 엄청난 마법, 엄청난 똥들, 엄지발가락, 엄지 공주님, 엄지손가락, 엄마 잔소리, 엄마 주무셔, 엄마 배고파."

아이들 입에서 쉴 새 없이 엄마와 관련된 주문이 나온다. 엄마와 아이는 이처럼 뗄 수 없는 관계다.

엄으로 생각하는 다섯 글자 주문을 알아낸 조지가 여행 중 길 잃은 새끼 호랑이를 찾아주는 장면에서 아이들이 재잘거린다.

"선생님~, 표지에 나오는 그림이네요. 조지가 새끼 호랑이의 엄마를 찾아주기 위해서 태워줬어요?"

표지에 나오는 장면을 기억하고 있던 철영이가 한마디 한다.

"맞다. 맞아."

아이들이 맞장구친다.

"선생님 호랑이가 혀로 조지를 핥았어요."
"더러워요."
"동물이 반갑다고 하면 어떻게 할까?"
"혀로 핥아요."
"으~~~." 징그럽다는 표정이다.
"동물 입장에서는 감사 표현하는 거야. 우리는 고마울 때 어떻게 하지?"
"감사하다고 해요. 선생님. 그럼 호랑이가 더러운 행동을 한 것이 아니라 감사 표현을 한 거네요."
감사한 것은 표현하되, 상대가 좋아하는 방법으로 하자고 했다.

마법 침대가 있다면 어디로 가고 싶은지 짝끼리 토의했다. 내가 가고 싶은 곳을 네 박자 놀이로 발표했다.
"상대가 말한 것을 다 같이 따라 하면 돼. 마법 침대(한 박자) 여행(두 박자) 네 박자(세 박자) 놀이(네 박자). 무릎(한 박자), 손뼉(두 박자), 몽골(세 박자) 초원(네 박자)."
아이들이 내 말을 따라 세 박자, 네 박자에 몽골 초원을 말한다. 다음 아이가 사우디아라비아를 말하자 친구들이 사우디아라비아를 외친다.

학생들이 돌아가면서 자신이 가고 싶은 곳을 말했다.
"대화의 광장에서 마법 침대를 타고 어디로 가고 싶은지 질문해보자."
아이들이 대화의 광장에서 서로 이야기를 주고받는다.
"나는 마법 침대로 중국 만리장성에 가고 싶어."

"너는 어디로 가고 싶어?"

"나는 마법 침대로 미국 할리우드로 가고 싶어."

아이들이 가고 싶은 여행 장소를 말한다. 친구가 원하는 여행 장소 다섯 개 이상 기억나는 사람을 물으니 가린이가 손을 든다.

"서현이는 우주, 승한이는 프랑스 박물관, 지민이는 제주도, 원진이는 하와이, 승수는 이탈리아에 가고 싶어 합니다."

승수에게 다른 아이가 질문한다.

"이탈리아를 어떻게 여행하고 싶어?"

"나는 자동차 디자이너가 꿈이야. 디자인이 멋진 람보르기니를 타고 여행하고 싶어."

내가 말을 받아 질문했다.

"왜 자동차 디자이너가 되고 싶어?"

"제가 그림에 관심이 많고 잘 그려서요."

"자동차 디자이너가 되려면 어떻게 해야 할까?"

"그림 연습을 많이 해야 해요."

가고 싶은 곳을 꿈과 연결한 승수를 칭찬했다.

"이번에는 4학년 2반 주문을 만들어봅시다."

서로 싸우지 않고 행복하게 지낼 수 있는 4학년 2반 주문을 모둠끼리 토의하고 발표했다.

"신비로운 모험이 좋아요. 우리 반 모두가 신비로운 모험 여행을 떠나고 싶기 때문입니다."

"사이(42)좋게 파이팅! 4학년 2반이 사이좋게 지내면 좋을 것 같아서요."
 행복해지는 마법 언어는 사이좋게 파이팅으로 결정되었다.
 주문 활용을 위한 모둠 역할 놀이를 하였다. 친구들이 심한 장난을 칠 때, "사이좋게 파이팅!!"이라고 말하면 장난을 멈추고 하이파이브 또는 악수를 하게 하였다.

 이어서 교육연극 시간을 가졌다.
 "우리 교실에는 마법 의자가 있어. 마법 의자에 앉아 여행할 친구는 마법 언어를 만든 가린이야."
 "우와~, 좋겠다. 나도 타고 싶다."
 아이들이 한마디씩 한다. 교사용 바퀴 의자를 마법 의자로 만들어 아이들과 상상 여행을 떠났다. 마법 의자에 앉은 아이가 프랑스 에펠탑이라고 하자, 아이들이 에펠탑을 만들고 에펠탑을 구경하는 동작을 했다. 나는 마법 의자를 밀면서 아이들의 상상 여행을 도왔다.

 이후 내 꿈을 돕는 주문을 찾았다. "사랑해, 할 수 있다." 같은 말이 나온다. 아이들 표정이 밝다. 교실도 따뜻해진다.

## 아이들과 함께 만들어 가는 그림책 놀이수업 교수 학습안

| 단계 | 그림책 놀이수업 교수·학습 활동 | 질문 | 놀이 |
|---|---|---|---|
| 도입 | ◉ **학습문제 확인**<br>**나의 꿈을 이루어주는 주문을 찾아보자.**<br>◉ **(전체 질문)**<br>- 마법 침대로 여행을 가능하게 하는 다섯 글자 주문은?<br>◉ **(놀이) 첫 글자 퀴즈 놀이하기**<br>- 첫 글자 퀴즈 놀이를 해보자. | 다섯 글자 주문? | 첫 글자 퀴즈놀이 |
| 전개 | ◉ **(전체 질문)**<br>- 우리는 어떻게 감사 표현을 할까?<br>◉ **(짝 질문)**<br>- 가고 싶은 곳은 어디인가?<br>◉ **(놀이) 네 박자 놀이하기**<br>- 네 박자 놀이를 해보자.<br>- 놀이 후 대화의 광장에서 가고 싶은 곳을 말한다.<br>◉ **(모둠 질문)**<br>- 우리 반을 행복하게 하는 주문은?<br>◉ **(놀이) 마법 주문 역할 놀이하기**<br>- 마법주문 역할 놀이를 해보자.<br>◉ **(놀이) 마법 의자 놀이하기**<br>- 마법 의자 놀이를 해보자.<br>◉ **(전체 질문)**<br>- 내 꿈을 이루어주는 주문은? | 감사 표현?<br><br>가고 싶은 곳?<br><br><br><br>행복 주문?<br><br><br><br><br>내 꿈 주문? | <br><br><br>네 박자 놀이<br><br><br><br>마법 주문 놀이<br>마법 의자 놀이 |
| 마무리 | ◉ **(질문, 놀이) 본깨적 놀이**<br>- 내가 알게 된 것을 본깨적 놀이로 발표해볼까?<br>**(손을 잡고) 알궁근적 본깨적!**<br>수업에서 본 것, 깨달은 것, 실천할 부분을 말함 | 알게 된 점? | 본깨적 놀이 |

## 그림책 놀이 방법

### 첫 글자 퀴즈 놀이

① 엄이라는 첫 글자를 적는다.
② 엄이라는 글자 뒤에 네모칸 네 개를 그린다.
③ 엄으로 시작하는 다섯 글자를 찾는다.
  예) 엄으로 시작하는 다섯 글자는 뭘까?

### 네 박자 놀이

① 네 박자에 맞추어 박수를 친다.
② 가고 싶은 곳 말하기 등 문제를 낸다.
③ 핵심내용을 세 박자, 네 박자에 말한다.
  예) 무릎 치고(한 박자), 손뼉 치고(두 박자),
    제주(세 박자), 도(네 박자)
④ 다 같이 박자에 맞추어 제주도를 따라 한다.

### 마법 의자 놀이

① 바퀴가 달린 의자에 아이를 태운다.
② 바퀴 달린 의자는 마법 주문으로 움직인다.
③ 마법 의자를 운전하는 사람(타고 있는 사람)이 말한 것을 아이들이 몸동작으로 표현한다.
  예) 마법 의자에 앉은 철영이는 요정을 만났어요.
   -교실 아이들이 요정 모습을 연기한다.

## 06

# 교실을 엉망으로 만드는 여우를 잡으려면?

### 치과의사 드소토 선생님

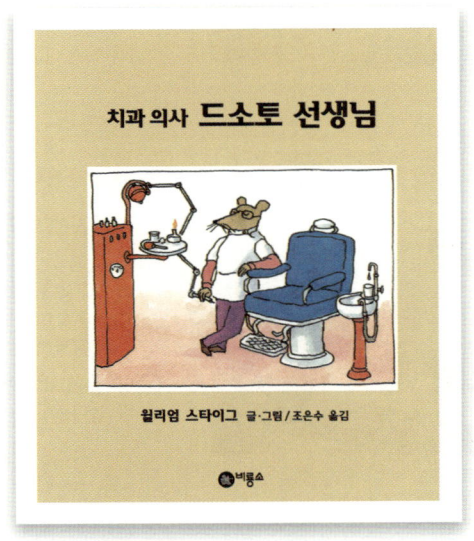

《치과의사 드소토 선생님》ⓒ 윌리엄 스타이그, 비룡소

《치과의사 드소토 선생님》 그림책은 전문성과 인성을 겸비한 드소토 선생님이 자신에게 닥친 어려운 문제를 지혜롭게 극복하는 이야기다.

드소토 선생님은 쥐이기 때문에 고양이, 여우처럼 생명을 위협하는 동물은 치료하지 않는다. 어느 날 여우가 울면서 치료를 부탁하자 고심 끝에 치료를 결정한다. 드소토 선생님의 행동에서 "생명이 있는 모든 것은 아름답다"고 말한 슈바이처 선생님이 느껴진다.

하지만 정성껏 치료받던 여우는 드소토 선생님 부부를 잡아먹으려는 계획을 잠꼬대로 말한다. 은혜를 원수로 갚는 여우 행동을 알아차린 드소토 선생님은 현재 상황을 인정하고 대책을 세운다. 위기 속 여우를 끝까지 치료하면서 나쁜 행동은 하지 못하게 한다. 심지어 자신을 잡아먹으려던 여우에게 감사하다는 인사를 받는다.

교실에서 문제 행동을 하는 아이가 있다면, 문제 행동을 수정하고 더불어 살아가게 해야 한다. 아이에게 수치심을 주지 않는 동시에 규칙을 지키며 살도록 도와야 한다.

그중 하나가 긍정적 타임아웃이다. 긍정적 타임아웃은 여우 이를 고쳐주는 동시에 여우 입을 닫게 한 드소토 선생님의 약과 같다. 긍정적 타임아웃은 잡담, 무례, 끼어들기, 놀리기, 심한 장난을 친 아이 행동을 바르게 한다. 수업 중 감정코칭 할 충분한 시간이 없을 때 사용하면 좋다.

긍정적 타임아웃은 학생과 교사 상호 간 약속이 되어야 효과가 있다. 학급 아이들과 충분한 이야기를 통해 숫자를 세는 것이 야단치는 것이 아니고, 아이 마음에 잠자는 보물을 스스로 깨우는 것임을 깨닫게 해야 한다. 교사는 아이가 스스로 문제 해결 능력이 있는 존재임을 믿어야 한다. 연민의 눈으로 아이를 바라보고, 즐거운 교실 문화를 만들 때 이 방법은 효과가 있다. 장난치는 아이가 배려하는 행동을 하고, 잡담하는 아이가 경청한다.

선생님과 힘겨루기를 위해 일부러 떠드는 아이에게 화를 내지 않고 차분하게 대해야 한다. 화를 내어 아이를 조용시켜도, 근본적인 문제 행동을 없애지 못한다. 차분하게 "별아~, 하나야!"라고 말하라. "왜 나한테만 그러세요?" 도발하는 행동을 하면 "별아~, 둘이야" 말하면 된다. 그래도 무례한 행동을 하면 "별아~, 셋이야!" 차분하게 말하라.

부드럽지만 단호하게 원칙을 지키면 아이는 약속된 장소에서 일정 시간 마음을 진정시키고 돌아온다. 아이가 함께 만든 규칙을 준수하지 않을 때 순차적으로 평화회의(자치회의), 선생님 상담, 부모님 상담을 통해 해결한다. 이 과정에서 아이가 여우 습관을 버리고 고마움을 아는 좋은 습관을 형성한다. 교사와 아이는 사랑과 신뢰로 연결된다.

 **수업 속으로**

치과 의사 드소토 선생님 그림책을 펼쳤다. 동물 이를 치료하는 드소토 선생님은 고양이, 여우는 위험해 치료하지 않는다. 그런데 여우가 울면서 치료를 부탁한다.

"치과의사로서 위험한 동물을 치료하지 않는 것은 옳은 일일까? 옳지 않는 일일까?" 질문했다.

"나는 동물을 치료해 주어야 한다고 생각합니다. 왜냐하면 여우는 위험해도 의사는 치료하는 분이기 때문입니다."

"나는 드소토 선생님이 위험한 동물을 치료하지 않는 것이 옳다고 생각합니다. 드소토 선생님 생명이 위협받기 때문입니다."

드소토 선생님 부부가 고민한 것처럼 치료를 해야 할지, 말아야 할지 찬반이 팽팽하게 갈린다. "내가 드소토 선생님이라면 나를 잡아먹을 수 있는 동물을 치료할까?" 물어보니 치료하지 않겠다는 이야기가 많아진다. 결론을 내지 않고 그림책을 계속 읽었다. 고심 끝에 여우를 정성껏 치료하지만, 여우는 드소토 선생님을 잡아먹으려 한다.

"봐라~, 여우는 치료해 주면 안 된다니까."

여우는 치료하면 안 된다는 아이들이 기세 당당하다. 반대편에 섰던 아이들은 머쓱하다. 여우 때문에 생긴 어려움을 어떻게 극복할지 질문했다.

"잠 오는 가스를 입에 넣어요. 그다음 막대기 2개를 입에 고정해요. 치료할 때 딱딱한 옷도 입어야 해요."

"친한 친구에게 도움을 청합니다. 계약서를 써서 잘못한 것은 벌을 받게 해요. 경찰에도 신고해야 합니다."

드소토 선생님의 지혜로 여우 입이 닫히게 되자 아이들이 좋아한다. 여우는 들러붙은 이 사이로 받침이 새는 인사 "대다니고마스니다"를 겨우 하고 집으로 돌아간다.

아이들이 여우 말을 재미있어 해 받침 빼기 놀이를 했다.
"대단히 고맙습니다."
"대다히 고마스니다."
"여러분 사랑합니다"
"여러부 사라하니다."
"사탕 줄까요?"
"사타 주까요."
"송아지 노래 시작."
"소아지 소아지 어루 소아지."

받침을 빼고 말하니 알아듣기 힘들다고 한다. 평소 분명하게 말해야겠다고 한다. 놀이가 아이들에게 좋은 깨우침을 준다. 놀이 후 아이들을 유혹하는 것을 살펴보았다.

"나를 유혹하는 여우는 무엇일까?" 짝끼리 토의하게 했다.

"인터넷으로 자료를 찾다가 게임에 빠질 때가 있는데, 게임이 여우입니다."

"핸드폰으로 유튜브 영상 보는 것이 여우입니다."

핸드폰, 인터넷과 관련된 이야기가 많다.

유혹하는 여우를 교실 상황으로 바꾸었다. 교실을 엉망으로 만드는 여우는 어떤 것이 있는지 모둠 토의했다.

"떠들기, 공부하는데 옆 친구가 방해하는 것이 있어요."

"친구와 이야기하는데 자꾸 끼어드는 것이 좋지 않아요."

"욕, 싸움이 있어요."

우리 속에 보물이 잠자면 이런 행동이 나온다고 말했다. 우리 속에 배려 보물, 경청 보물 등을 깨우면 나쁜 행동을 하지 않게 된다고 했다. 보물이 자서 문제 행동을 하면 어떻게 할지 물었다. 보물을 깨워 문제 행동을 없애야 한다고 한다.

마음속 보물이 잠들어 수업 시간에 떠드는 철수를 예로 들었다.

"'철수야. 왜 이렇게 떠들어? 똑바로 해!'라는 말과 '철수야 하나야' 중 무엇이 좋니?"

"철수야. 하나야"가 좋다고 한다. 말을 이어서 계속했다.

"그래도 계속 장난치고 친구 공부를 방해할 때 선생님이 '왜 자꾸 끼어들어, 이제 친구까지 공부 못하게 하는구나'라고 말하는 것이 좋아? '철수야 둘이야'가 좋아?"

"철수야~ 둘이야"가 좋다고 한다.

그래도 소리 지르고 자기 마음대로 할 때 "너 안 되겠다. 뒤로 나가라."가 좋은지 "철수야 셋이야"가 좋은지 물었다. "철수야 셋이야"가 좋다고 한다. 셋까지 불린 친구는 조용히 칸트의 오솔길을 따라 뒤쪽 평화의 섬에 간다고 했다. 그곳에서 내 마음에 자고 있는 보물을 깨우고 어떻게 생활할지 5분 생각하자고 약속했다.

보물이 잠잘 때 문제 행동을 알아보고, 보물을 깨우는 보물잠, 보물깨 놀이를 했다.

"보물잠(삼각형을 그리면서), 보물깨, 보물잠, 보물잠!"

마지막 "보물잠"이라는 소리에 아이들이 "끼어들기, 장난, 놀리기, 말대꾸, 거짓말, 무시"를 말한다.

"보물잠(삼각형을 그리면서), 보물깨, 보물잠, 보물깨, 보물깨!"

마지막 "보물깨"라는 말에 "경청, 인내, 배려, 겸손, 사랑, 도전, 격려"라는 보물을 깨운다고 말한다.

놀이를 통해 아이들이 줄줄이 발표하면서 하지 말아야 할 행동과 해야 할 행동을 배운다.

여우가 입을 다문 채 비틀비틀 계단을 내려가는 것을 보고 아이들과 비틀비틀 계단 박수를 쳤다. 몸이 비틀비틀 거릴 때 계단 박수가 더 어려운 것처럼, 몸을 흔들면 수업에 집중하기 어렵다고 했다.

아이들을 3명씩 묶어 손을 잡게 했다.

"3명씩 한 줄로 손을 잡아 볼까? 선생님이 여우, 명보가 쥐를 할게. 3명이 모인 친구 손을 잡으면 4명이 되지? 4명이 된 줄의 마지막 친구가 쥐가 되어 다시 도망가는 거야. 쥐 여우 놀이 시작!"

놀이 후 교실에서 모두 행복하려면 어떻게 할지 토론했다. 도움을 받으면 "고맙다", 잘못하면 즉시 "미안해"라고 하면 모두 행복해진다고 한다. 그림책 여우가 아이 생각에 영향을 끼쳤으리라. 아이 입에서 나오는 감사, 사과의 말이 아름답다.

## 아이들과 함께 만들어 가는 그림책 놀이수업 교수 학습안

| 단계 | 그림책 놀이수업 교수·학습 활동 | 질문 | 놀이 |
|---|---|---|---|
| 도입 | ◉ **학습문제 확인**<br>**교실이 엉망이 되는 원인과 행복하기 위한 방법을 알아보자.**<br><br>◉ (전체 질문)<br>- 치과의사로 위험한 동물 치료는 해야 하나? | 위험한<br>동물 치료? | |
| 전개 | ◉ (전체 질문)<br>- 드소토 선생님은 어려움을 어떻게 극복할까?<br>◉ (놀이) 받침 빼기 놀이하기<br>- 받침 빼기 놀이를 해보자.<br>◉ (짝 질문)<br>- 나를 유혹해 힘들게 만드는 여우는?<br>◉ (모둠 질문)<br>- 교실을 엉망으로 만드는 여우는?<br>◉ (놀이) 보물잠, 보물깨 놀이하기<br>- 보물잠, 보물깨 놀이를 해보자.<br>◉ (놀이) 비틀비틀 계단 박수 놀이하기<br>- 비틀비틀 계단 박수 놀이를 해보자.<br>◉ (놀이) 쥐 여우 놀이하기<br>- 쥐 여우 놀이를 해보자.<br>◉ (전체 질문)<br>- 교실 속 학생과 선생님 모두 행복하려면 어떻게 할까? | 어려움<br>극복?<br><br><br>유혹 여우?<br><br>교실 엉망?<br><br><br><br><br><br><br>모두 행복? | 받침 빼기<br>놀이<br><br><br><br><br><br>보물잠,<br>보물깨 놀이<br><br>비틀비틀<br>계단 박수<br>놀이<br>쥐여우<br>놀이 |
| 마무리 | ◉ (질문, 놀이) 본깨적 놀이<br>- 내가 알게 된 것을 본깨적 놀이로 발표해볼까?<br><br>**(손을 잡고) 알궁근적 본깨적!**<br>수업에서 본 것, 깨달은 것, 실천할 부분을 말함 | 알게<br>된 점? | 본깨적<br>놀이 |

# 그림책 놀이 방법

### 받침 빼기 놀이

① 말 속에 있는 받침을 뺀다.
② 받침을 뺀 문장을 따라한다.
  예) 대단히 고맙습니다
     대다히 고마스니다
③ 여러 문장을 적어 받침을 빼고 말한다.
④ 평소 분명하게 말하는 것을 교육한다.

### 보물잠, 보물깨 놀이

① 허공에 손가락으로 삼각형을 그리며 보물잠, 보물깨를 반복한다.
② 마지막 보물잠이라고 말하면 아이들이 보물이 잠들 때 문제 행동을 말한다.
  예) 끼어들기, 장난, 놀리기
③ 마지막 보물깨라고 말하면 문제 행동을 없애는 보물을 말한다.
  예) 인내, 배려, 겸손
④ 역할 놀이나 회의를 통해 학급 약속을 정리한다.

### 쥐 여우 놀이

① 쥐와 여우를 선정한다.
② 3명씩 손을 잡고 한 줄로 선다.
③ 쥐가 한 줄 끝에 손을 잡으면 4명이 된다. 이때 마지막 사람이 떨어져 나가 쥐가 되어 도망간다.
④ 쥐가 잡히면 여우가 되고, 잡은 여우는 쥐가 되어 도망간다. 상황에 따라 쥐를 늘린다.

# 3장

## 문제 해결하기

# 내가 버려야 할 습관은?
## 괴물들이 사는 나라

《괴물들이 사는 나라》ⓒ 모리스 샌닥, 시공주니어

《괴물들이 사는 나라》는 장난꾸러기 맥스가 상상의 세계에서 괴물 왕이 되어 놀다가 현실로 돌아오는 이야기다. 맥스를 관찰하면 아이들이 원하는 상상의 세계를 느끼고, 아이 마음을 이해하는 시간을 만난다.

집 벽을 훼손하고, 포크로 강아지를 잡으려고 장난치는 자녀가 있다면 어떻게 할까? 화가 나서 자녀를 야단칠 것이다. 맥스가 바로 그런 아이다. 엄마는 맥스에게 괴물 딱지라 하고, 맥스는 엄마를 잡아먹겠다고 한다. 해서는 안 될 말과 행동을 한 맥스는 결국 방에 갇힌다.

맥스는 억울할 수도 있다. 늑대 옷을 입었으니 강아지를 잡아먹는 장난을 친다. 괴물 딱지라고 엄마가 말하니 잡아먹겠다고 말한다.

만약 맥스가 병아리 옷을 입었다면 어떻게 했을까? 삐약삐약 소리를 내며 마루를 걸어 다녔을 것이다. 지금 필요한 것은 늑대 옷을 입고 늑대 흉내를 낸 맥스를 이해하는 것이다. 이후 자연스럽게 늑대 옷을 벗도록 도와야 한다. 감정은 받아주고, 잘못한 일은 책임지게 한다.

필수는 화가 나면 "답답해"라는 말을 반복한다. 교실에서 욕을 하고, 친구와 자주 다툰다. 필수가 코딱지 먹는 것을 보았다고 말하는 아이를 때렸다. 말리는 선생님 앞에서 자기 몸에 상처를 내 수석실에 상담하러 왔다. 긴 시간 아이 말을 공감했다. 아이 마음이 진정됐을 때, 아이 행동에 책임지게 했다. 아이와 상의해 세 차례 수석실에서 생활교육을 했다.

며칠 뒤 필수 반에 수업을 들어갔다. 필수가 크게 발표한 것을 칭찬했다.

"필수는 수석선생님께만 잘해요. 다른 수업에는 돌아다니고 소리 질러요."

다른 수업 시간 바르게 행동하지 않으면 수석선생님 수업에도 마음대로 해야 하는지 물었다. 아이들이 아니라고 한다.

"그럼 어떻게 말해야 할까?"

"수석선생님과 수업할 때 잘한다고 해야 해요."

"잘하니 손뼉 치자"라고 하니 아이들이 손뼉 친다.

"선생님 필수가 저를 바보 멍청이라 놀리고도 잘못하지 않았다고 해요."

필수에게 놀리고 사과하지 않은 사실이 있는지 물었다. 필수가 그런 사실이 있다고 한다.

"친구를 놀리면 되니?"

"안 돼요."

"놀렸을 때 미안하다고 해야 할까? 잘못 안 했다고 해야 할까?"

필수가 친구에게 미안하다고 바로 사과한다.

다른 수업도 잘하면 어떨까 물으니 필수가 고개를 끄덕인다.

"담임 선생님 수업 시간에도 열심히 할게요."

담임 선생님께서 필수에게 고맙다고 말씀하신다. 필수도 맥스처럼 진짜 괴물이 아니고 호기심 많은 외로운 아이다. 믿어주고 사랑하면 필수 스스로 늑대 옷을 벗고 괴물들이 사는 나라를 떠날 것이다.

## 수업 속으로

괴물들이 사는 나라 맥스가 밤에 늑대 옷을 입고 벽을 훼손하는 장난, 집 수건을 묶는 장난, 강아지를 잡아먹으려 행동하는 부분을 읽었다.

"엄마가 '이 괴물 딱지 같은 녀석!'이라고 소리친 것에 대해 어떻게 생각해?"

"엄마에게 화가 나요. 아들에게 괴물 딱지는 심했어요. 심지어 방에 가두기까지 하잖아요."

아이들이 엄마 행동이 문제 있다고 한다.

맥스가 집안을 엉망으로 만들고 살아있는 강아지를 괴롭힐 때, 내가 엄마라면 어떻게 행동할지 물었다.

"소리치고 화를 내요. 맥스가 장난이 너무 심해요. 특히 엄마에게 잡아먹겠다고 한 것은 심해요."

엄마가 잘못했다던 아이들이 이번에는 엄마 편을 든다. 맥스를 방에 가둔 것도 이해된다고 말한다.

방에 갇힌 맥스는 상상력을 발휘한다. 가상의 맥스호를 타고 넓은 바다로 밤새 항해를 한다.

맥스가 무서운 발톱을 세운 괴물 나라에 도착하는 장면에서 육지 바다 놀이를 하였다.

"세상은 육지와 바다로 이루어져 있어. 짝끼리 가위바위보를 하고 이긴 사람은 육지와 바다 중 하나를 선택해. 서로 손을 상대방 손 중간에 넣고 육지 하면 육지가 손뼉, 바다 하면 바다가 손뼉을 치는 거야. 손은 피할 수 있어. 준비 육지!(육지가 손뼉 치며 중간에 있는 손을 맞춤). 육지가 손뼉 쳐야지. 바다!(바다가 손뼉)"

육지 바다 놀이를 이야기로 계속 진행했다.

"맥스가 지금 바다(바다가 손뼉)에 있지. 바다(바다가 손뼉)에는 고래(바다가 손뼉)도 있어. 육지(육지가 손뼉)에는 코끼리(육지가 손뼉)보다 무서운 괴물(육지가 손뼉)이 있지. 다리가 4개인 동물(육지가 손뼉)은 육지(육지가 손뼉) 동물이야."

맥스의 마법으로 꼼짝 못 하게 된 괴물은 맥스를 괴물 중의 괴물이라고 말한다.

맥스가 괴물 나라 왕이 되는 장면에서 전체 가위바위보 왕을 뽑았다.

"선생님과 가위바위보를 이기거나 비긴 사람은 계속 가위바위보를 하면 돼. 가위바위보!(진 사람은 손을 내린다). 가위바위보! 마지막에 살아남은 은채가 전체 가위바위보 왕이야."

교실에서 왕이 되면 무엇을 하고 싶은지 짝끼리 토의했다.

"저는 학교에서 햄버거를 먹고 싶어요."

"저는 아이들과 놀 거예요. 교실에서 피구도 하고 달리기를 하고 싶어요."

질문을 통해 아이들이 평소에 교실에서 먹고 놀고 싶어 하는 것을 알게 되었다.

가위바위보 왕 은채가 있는 모둠에게 먼저 괴물 놀이 춤을 추게 하였다.
"어떻게 하면 괴물 놀이 춤을 멋지게 출지 모둠끼리 만들어볼까? 괴물 놀이 춤을, 괴물 놀이 춤을, 괴물 놀이 춤을 어떻게 추나요? 2모둠."
"이것이 괴물 놀이 춤, 이것이 괴물 놀이 춤, 이것이 괴물 놀이 춤이랍니다."
은채가 포함된 2모둠에서 노래 부르며 괴물 놀이 춤을 춘다. 이후 전체 아이들이 노래 부르며 2모둠 춤을 따라 한다.
"이것이 괴물 놀이 춤, 이것이 괴물 놀이 춤, 이것이 괴물 놀이 춤이랍니다."
괴물 표정을 지으며 춤추는 은채를 괴물 놀이 춤 왕으로 뽑았다. 은채와 천사 놀이 춤을 만들어 놓았다. 아이돌을 꿈꾸는 은채 춤을 따라 하며 아이들이 즐거워한다.

맥스가 자기를 사랑해주는 사람이 있는 곳으로 돌아가고 싶어 괴물 나라 왕을 그만두는 장면에서 질문했다.
"재미있지만 맥스처럼 그만두고 싶은 것은 없니? 해서는 안 되는 행동을 계속하는 것을 나쁜 습관이라고 해. 맥스는 '싫어!'라고 말한 후 배를 타고 괴물 나라를 떠나. 내가 버려야 할 나쁜 습관은 무엇일까?"
모둠끼리 토의하게 했다.
배를 타고 떠날 나쁜 습관은 무분별한 휴대폰 사용이라고 한다. 휴대폰을 정해진 시간과 정해진 장소에서 하고 싶은데 자제가 안 된다고 한다. 친구와 SNS, 유튜브를 보면 몇 시간이 지나가면서 해야 할 일을 놓친다고 한다. 할 일을 다 하고 휴대폰을 해야 한다는 말이 나온다. 이를 실천하기 위해 중요한 일을 꼭 해야 한다면, 그 시간 동안 휴대폰을 부모님께 맡기는 것도 좋은 방법이라고 아이들에게 말했다.

맥스가 시간을 거슬러 항해하여 방에 돌아왔을 때 차려져 있던 따뜻한 저녁밥으로 대화했다. 따뜻한 밥을 보면서 떠오르는 것이 무엇인지 말하게 했다.

"나쁜 행동을 해도 엄마는 따뜻한 저녁밥을 주는 분임을 느꼈어요."

"맥스가 잘못을 뉘우쳤기 때문에 밥을 기쁘게 먹게 되었습니다."

"손톱을 깨물던 습관이 있었는데, 그것을 고쳤을 때 엄마가 칭찬하고 선물도 주셨어요. 저녁밥이 그런 선물이에요."

영선이 말에 아이들이 박수 친다.

"유혹에 넘어가더라도 스스로 싫어라고 말하는 용기와 실행력이 있다면, 맥스처럼 잘못을 해도 다시 제자리로 돌아올 수 있어."

괴물들이 사는 나라를 찾아간 맥스가 집에 돌아온 것처럼, 아이들도 실수하며 배우고, 좋은 습관을 만든다. 아이들이 잘못된 습관을 떠나도록 돕는 교사의 삶이 시원한 여름 생수 같다.

## 아이들과 함께 만들어 가는 그림책 놀이수업 교수 학습안

| 단계 | 그림책 놀이수업 교수·학습 활동 | 질문 | 놀이 |
|---|---|---|---|
| 도입 | ⊙ **학습문제 확인**<br>**내가 버려야 할 습관을 알아보자.** | | |
| | ⊙ **(전체 질문)**<br>- 맥스는 늑대 옷을 입고 무엇을 했을까?<br>- 엄마의 행동과 내 생각은?<br>- 집 안을 엉망으로 만들고, 엄마를 잡아먹겠다고 할 때 내가 엄마라면? | 늑대 옷?<br>엄마 소리?<br>내가 엄마? | |
| | ⊙ **(놀이) 육지 바다 놀이하기**<br>- 육지 바다 놀이를 해보자. | | 육지 바다 놀이 |
| 전개 | ⊙ **(놀이) 전체 가위바위보 왕 놀이하기**<br>- 전체 가위바위보 왕 놀이를 해보자.<br>⊙ **(짝 질문)**<br>- 내가 왕이 되면 교실에서 무슨 일을 하고 싶니?<br>⊙ **(놀이) 괴물 놀이 춤 놀이하기**<br>- 괴물 놀이 춤 놀이를 해보자.<br>⊙ **(모둠 질문)**<br>- 배에 태워 떠나보내야 할 나쁜 습관은 무엇일까?<br>- 재미있지만 맥스처럼 그만두고 싶은 것은?<br>⊙ **(전체 질문)**<br>- 저녁밥을 보고 떠오르는 것 | 왕이 되면?<br><br>나쁜 습관?<br>그만두고 싶은 것<br><br>저녁밥? | 전체 가위바위보 왕 놀이<br><br>괴물 놀이 춤 놀이 |
| 마무리 | ⊙ **(질문, 놀이) 본깨적 놀이**<br>- 내가 알게 된 것을 본깨적 놀이로 발표해볼까? | 알게 된 점? | 본깨적 놀이 |
| | **(손을 잡고) 알궁근적 본깨적!**<br>수업에서 본 것, 깨달은 것, 실천할 부분을 말함 | | |

## 그림책 놀이 방법

### 육지 바다 놀이
① 짝끼리 가위바위보를 해서 육지, 바다를 정한다.
② 손을 상대방 손 중간에 넣어 엇갈리게 한다.
③ 육지하면 육지가 손뼉을 치고, 바다하면 바다가 손뼉을 친다.
  예) 육지(육지가 손뼉)! 바다(바다가 손뼉)! 맥스가 지금 바다(바다가 손뼉)에 있지
④ 손뼉을 칠 때 상대는 피한다.

### 전체 가위바위보 왕 놀이
① 교사는 전체와 가위바위보 한다.
② 가위바위보를 이기거나 비긴 아이는 계속 가위바위보를 한다.
③ 마지막 한 명이 가위바위보 왕이 된다
  예) 마지막에 살아남은 별이가 전체 가위바위보 왕입니다.
④ 가위바위보 과정에서 최선을 다한 아이를 칭찬한다.

### 괴물 놀이 춤 놀이
① 괴물 놀이 춤을 어떻게 추는지 묻는다.
  예) 괴물 놀이 춤을 괴물 놀이 춤을 괴물 놀이 춤을 어떻게 추나요?
② 개인이나 모둠이 노래를 부르며 괴물 놀이 춤을 춘다.
  예) 이것이 괴물 놀이 춤, 이것이 괴물 놀이 춤, 이것이 괴물 놀이 춤이랍니다.
③ 전체가 같은 노래를 부르며 괴물 놀이 춤을 따라 춘다.
④ 괴물 놀이 춤 이후에 천사 놀이 춤을 춘다.

# 인사는 왜 하나?

## 왜 인사해야 돼?

《왜 인사해야 돼?》ⓒ 엘리센다 로카, 노란상상

　《왜 인사해야 돼?》는 마르틴과 노라가 인사를 실천하면서 배려와 존중을 배워가는 그림책이다.
　마르틴과 노라는 누구에게도 인사하지 않다가 몸이 보이지 않게 되자 인사하겠다고 결심한다. 두 사람은 만나는 사람에게 스스로 인사하면서 다시 몸이 예전처럼 보이게 된다.

인사는 중요하다. 인사하지 않으면 사람들과 어울리기 어렵다. 본인이 몸담은 공동체에서 소속감이 약해진다. 만나는 사람에게 건방지다는 오해가 생겨, 투명 인간처럼 소외되기도 한다.

남덕초등학교에서 마지막 해를 보낼 때 아이들 이름을 거의 다 외웠다. 아이들 눈빛만 보면 무슨 생각을 하는지 느껴졌다. 오고 가며 인사를 하루에 6번 하는 아이, 반가워 돌고래처럼 뛰며 인사하는 아이들이 생겼다. 인사 잘하는 아이는 이름이 빨리 외워진다. 존재감 없던 중고등 시절 선생님께서 내 이름을 빨리 기억한 이유를 몰랐다. 교사가 되니 저절로 이유를 알게 된다. 나는 선생님께 인사를 잘했다.

빌 비숍은 《관계 우선의 법칙》에서 제품만 좋아서 안 되고, 사람들과 긴밀한 관계가 있어야 성공한다고 했다. 긴밀한 관계는 상대 요구를 들어줘 생기는 것이 아니라, 상대를 있는 그대로 이해할 때 생긴다. 긴밀한 관계를 만들어 내는 가장 쉬운 방법이 인사다.

신규 교사 시절 인사 안 하는 아이를 보면 인사법을 알려주었다. 인사를 즉시 지도하는 것이 아이를 위한 최선이라고 생각했다. 지금은 먼저 인사한다. 그러면 상대도 따라서 인사한다. 아이들이 인사를 안 하고 지나갈 때 모른 척 넘어가는 여유도 생겼다. 하지만 장난으로 인사하지 않는 행동이 반복적이면 따로 불렀다. 복도에서 선생님을 만날 때 어떻게 하는지 생각해 보라고 했다. 긴 침묵 후에 인사하지 않고 도망간다고 한다. 장난이고 놀이라고 쉽게 말한다. 상대방이 좋아하지 않는 것이 장난이냐고 질문하니 죄송하다고 한다.

　인사는 사람을 아름답게 하는데, 같은 실수를 반복할까 봐 걱정하는 마음을 말했다. 이후 수업 시간에《왜 인사해야 돼?》그림책을 읽어주었다. 인사로 장난치던 아이가 그 이후로 열심히 인사한다. 인사만 잘해도 아이들은 예쁘다. 오늘 만나는 사람에게 따뜻한 미소와 인사를 나누자. 그것이 상대방 삶을 조용히 응원하는 행동이다.

 **수업 속으로**

그림책에 나오는 친구 이름을 물으니 '마르틴과 노라'라고 한다.
마르틴과 노라는 장난감도 나눠 쓰는 사이다. 그림 그리기, 책 읽기, 글 쓰는 것을 좋아한다. 재미있는 이야기에 잘 웃지만 둘 다 인사하지 않는 특징이 있다. 이웃 아저씨의 인사에도 마르틴이 지나치자 아빠는 민망해하며 대신 인사한다. 노라는 신이 나서 학교에 가지만 선생님께 인사하지 않고 고개를 숙인다. 노라의 선생님 이야기로 아이들과 대화했다.
"노라의 선생님은 인사를 어떻게 생각해?"
"인사는 꼭 해야 하는 것이라고 생각해요. 인사는 금방 배우는 상냥한 행동이고, 인사를 하면 모두 활짝 웃어준다고 합니다."
두 친구는 빵집에 가서도 멍한 표정으로 인사하지 않는다. 선생님이 인사가 중요하다고 했지만 한번 굳은 습관은 좀처럼 바뀌지 않는다.

이 장면에서 아이들과 빵 놀이를 했다. 큰 빵(손 모양을 옆으로 크게), 긴 빵(위 아래로 크게), 작은 빵(옆으로 작게), 짧은 빵(위 아래로 작게)이라 했다. 아이들이 잘 따라 한다.
"큰 빵, 긴 빵, 작은 빵, 짧은 빵."
이번에는 말을 반대로 하게 했다.
"선생님 이야기와 반대로 해봐. 큰 빵, 큰 빵(손을 양옆으로 크게 벌리며)."

"작은 빵, 작은 빵."
"긴 빵, 긴 빵(손을 위 아래로 크게 벌리며)."
"짧은 빵, 짧은 빵."
다음 단계로 크고 작은 빵 동작은 "감사합니다", 길고, 짧은 빵은 "사랑합니다"로 말했다. 동작에 맞게 목소리도 커지고 작아진다. "감사합니다. 사랑합니다." 목소리가 크게 들리다가 이후 속삭이듯 들린다. 마르틴과 노라가 빵집에서 이렇게 인사했으면 좋겠다고 말했다.

인사하지 않는 두 아이는 점점 보이지 않다가 사라지게 된다.
아이들에게 질문했다.
"어떻게 하면 다시 보이게 될까?"
"인사를 하면 될 것 같아요."
"우와~, 만약 인사가 나오면 대박인데. 내가 작가 생각을 한 거잖아요."
마르틴과 노라가 인사를 하니 모습이 조금씩 드러난다. 아이들이 그 장면에서 손뼉 친다. 마르틴과 노라가 인사하지 않은 이유를 묻자 부끄러워 그렇다고 한다.
노라와 마르틴이 인사를 잘하게 된 이유를 짝끼리 토의했다.
"몸이 보이지 않잖아요. 바뀌어야 한다고 스스로 말했기 때문이에요."
"자꾸 몸이 투명해지니까 놀라서 인사하게 되었어요."
"스스로 행동을 변화시키겠다고 마음먹을 때, 삶이 변한단다. '너 인사하면 잘 보일 거야' 누군가 강요했으면 인사하지 않았을지도 몰라. 마르틴과 노라가 스스로 마음먹으니 인사를 실천하게 되었어."

"선생님 저도 그런 경험이 있어요. 태권도 다닐 때 자세가 틀려 사범님께 혼이 났는데, 스스로 잘하자 마음먹으니 좋아졌어요."

2학년 예진이가 자기 경험을 말한다.

학교에서 어떤 인사가 필요한지 물었다.

"아침에 선생님을 만나면 '안녕하세요'라고 해요."

"도움을 받으면 '감사합니다', 헤어질 때는 '안녕히 계세요'라고 합니다."

"친구를 만나면 '잘 지냈니?'라고 해요."

상황에 맞는 인사를 사인 놀이로 정리하였다.

집에서 학교 갈 때 "다녀오겠습니다."

선생님을 만날 때 "안녕하세요?"

누가 선물을 주거나 도와주면 "감사합니다."

친구와 만날 때 "안녕!"

헤어질 때 "다음에 또 보자."

잠자기 전 "안녕히 주무세요!"라고 말한 후 사인을 받는다.

사인 종이에 사인을 다 채운 아이들은 마지막 교사에게 와서 최종 확인을 받았다.

인사를 왜 하는지 모둠끼리 토의했다.

상대방에게 친근하게 다가간다. 좋은 인상을 주어 좋은 관계를 맺고 행복해진다고 한다.

마지막 두 팀으로 나누어 '우리 집에 왜 왔니?' 놀이로 수업을 정리하였다.

"우리 집에 왜 왔니? 왜 왔니? 왜 왔니?"

"인사하러 왔단다 왔단다 왔단다."

"무슨 인사 왔느냐 왔느냐? 왔느냐?"

"이런 인사 왔단다 왔단다 왔단다."

몸동작으로 한 팀이 인사를 했는데, 아이들이 맞추지 못한다. 힌트로 인사를 소개했다.

"이 인사는 아빠가 생일선물을 주었을 때 내가 하는 말이야."

"감사합니다."

상대 팀이 정답을 말한다.

문제 낸 팀이 "감사합니다." 상대팀에게 인사한다.

"안녕하세요. 감사합니다. 다녀오겠습니다. 잘 먹겠습니다. 사랑합니다"와 같은 인사 상황을 말하면 상대 팀이 인사를 맞춘다.

놀이 후 인사해서 좋았던 경험을 나누었다. 그래서인지 수업 마침 인사가 평소보다 훨씬 크다.

## 아이들과 함께 만들어 가는 그림책 놀이수업 교수 학습안

| 단계 | 그림책 놀이수업 교수·학습 활동 | 질문 | 놀이 |
|---|---|---|---|
| 도입 | ◉ 학습문제 확인<br>**인사하는 이유를 알고 인사 경험을 나누자.**<br>◉ (전체 질문)<br>- 노라 선생님은 인사를 어떻게 생각하니?<br>◉ (놀이) 빵 놀이하기<br>- 빵 놀이를 해보자. | 선생님의 인사 생각? | 빵 놀이 |
| 전개 | ◉ (전체 질문)<br>- 어떻게 하면 다시 보일까?<br>◉ (짝 질문)<br>- 노라와 마르틴은 왜 인사를 잘하게 되었을까?<br>◉ (전체 질문)<br>- 학교에서 어떤 인사가 필요할까?<br>◉ (놀이) 사인 인사 놀이하기<br>- 사인 인사 놀이를 해보자.<br>◉ (모둠 질문)<br>- 인사는 왜 할까?<br>◉ (놀이) 우리 집에 왜 왔니 놀이하기<br>- 우리 집에 왜 왔니 놀이를 해보자.<br>◉ (전체 질문)<br>- 인사하며 좋았던 경험은? | 어떻게 보일까?<br><br>왜 인사를 잘하게?<br><br>학교에서 어떤 인사가 필요?<br><br><br>인사는 왜?<br><br><br><br>인사 경험? | 사인 인사놀이<br><br><br>우리 집에 왜 왔니 놀이 |
| 마무리 | ◉ (질문, 놀이) 본깨적 놀이<br>- 내가 알게 된 것을 본깨적 놀이로 발표해볼까?<br><br>(손을 잡고) 알궁근적 본깨적!<br>수업에서 본 것, 깨달은 것, 실천할 부분을 말함 | 알게 된 점? | 본깨적 놀이 |

## 그림책 놀이 방법

### 빵 놀이

① 교사 동작을 똑같이 따라 한다.
   예) "큰 빵, 큰 빵" 하면 아이들이 "큰 빵(손을 양 옆으로 크게 벌리며)" 한다.
② 교사 동작을 반대로 한다.
   "긴 빵, 긴 빵(손을 위 아래로 크게 벌리며)" 하면 "짧은 빵, 짧은 빵" 한다.
③ 교사 동작을 보고 인사말을 넣어서 한다.
   "큰 빵, 작은 빵은 "감사합니다", 긴 빵, 짧은 빵은 "사랑합니다" 라고 말하는 거야."

### 사인 인사 놀이

① 인사말이 적힌 사인 종이를 아이들에게 나눈다.
② 사인 종이를 들고 친구와 만나 인사를 한다.
   예) 1번 집에서 학교로 갈 때 "다녀오겠습니다"가 적혀 있으면 "다녀오겠습니다" 인사한다.
③ 사인을 주고 받는다.

### 우리 집에 왜 왔니 놀이

① 한 팀이 우리 집에 왜 왔니 노래를 부르며 앞으로 온다.
   예) "우리 집에 왜 왔니? 왜 왔니? 왜 왔니?"
② 또 다른 팀이 "인사하러 왔단다 왔단다 왔단다"를 부르며 앞으로 온다.
③ "무슨 인사 왔느냐 왔느냐? 왔느냐?"
④ "이런 인사 왔단다 왔단다 왔단다"(인사를 몸으로 표현함. 모르면 인사 설명). 상대는 인사를 맞춤. 맞추면 반대 팀이 인사를 상대에게 함

# 내 물건을 함부로 쓰는 친구가 있다면?

## 화가 날 땐 어떡하지?

《화가 날땐 어떡하지?》 ⓒ 코넬리아 스펠만, 보물창고

　《화가 날 땐 어떡하지?》는 화나는 상황에서 서로 상처 주지 않고, 화를 해결하는 방법을 안내한다. 화는 인간과 함께 살아가는 감정이다. 화는 수시로 초대받지 않은 손님으로 찾아온다. 화를 잘 다루지 않으면 인간관계에서 자주 실수하고 후회한다.
　불합리한 상황에서 억울한 마음이 들 때, 뜨겁고 힘이 센 화라는 감정이 마음에 찾아온다. 화를 참지 못하고 다른 사람에게 화를 표출하면 분노조절장애란 말도 듣는다. 폭력적인 말과 행동은 개인, 이웃, 사회 모두에게 피해를 주고, 부메랑처럼 돌아온다.

담임 선생님을 발로 차고 복도가 떠날 정도로 소리 지른 아이가 수석실에 왔다. 복도에서 만나면 안기는 아이인데 오늘은 다르다. 자주 놀러 오는 수석실에 들어오지 않으려고 소리까지 지른다.
아이 감정을 인내심을 가지고 읽으니, 아이 화가 누그러진다. 시간이 지나자 선생님께 미안하다는 말과 함께 수줍게 웃는다. 화가 마음에서 사라지자 다시 귀여운 아이로 돌아온다.

역경지수가 높은 사람은 화를 거룩한 분노로 승화시켜 자기 성장과 국가 위기를 극복하기도 한다. 1910년 백범 김구 선생님은 양산학교 교장으로 계셨다. 애국지사를 잡아 가두려는 일제 모략에 의해 김구 선생님은 체포, 고문을 받고 15년 형을 받는다. 김구 선생님은 밤새워 자신을 고문한 간수를 보며, 자신은 나라 독립을 위해 밤새워 일했는지 반성했다. 화가 날 상황을 자신을 돌아보며 눈물 흘리는 성장의 시간으로 만들었다.
감옥에서 불한당 우두머리 김 진사를 통해 조직, 훈련, 실행을 배워 독립운동에 적용해 성과를 낸다. 김구 선생님은 우리나라 자주독립을 위해 대상과 상관없이 끊임없이 배웠다. 화 나는 감정마저도 민족독립 에너지로 활용하신 김구 선생님은 대한의 완전한 자주독립을 위해 전생애를 바친 민족 영웅이다.

화가 나는 상황을 김구 선생님처럼 긍정 에너지로 변화시키면 좋지만 보통 사람은 어렵다. 소소하지만 확실한 행복, 나만의 소확행을 만들자. 햇볕 쬐며 걷기, 감사하기, 음악 듣기, 새소리 듣기, 길에 핀 꽃 보기, 하늘 보기, 독서, 친구 만나기, 심호흡 크게 하기 등 나에게 맞는 소확행은 화를 잠재우는 데 도움이 된다.

수업 시간 화가 날 때 어떻게 하냐는 질문을 받은 적이 있다. 화가 날 때는 먼저 내 속에 들어온 화를 인식한다. 차를 대접하듯 화를 바라보면 화가 달아난다. 화가 났다는 감정을 인식하고 화를 바라보면 평안해진다. 아이들이 화가 날 때 평안한 마음을 가지도록 돕는 교사로 사는 것이 참 좋다.

 **수업 속으로**

언제 화가 나는지 아이들에게 질문했다.

"언니가 내 물건을 함부로 만지고 나대지 마라"라고 할 때 시온이는 화난다고 한다.

"친구와 싸울 때요. 특히 수정이에게 맞을 때 화가 나요."

승철이가 흥분한 감정으로 수정이 이야기를 한다.

"승철이가 먼저 욕을 했어요."

"나는 수정이에게 욕하지 않고 방탄에게 했어요."

여학생에게 방탄은 때로 나보다 더 소중하다는 말에 "맞다"라는 격한 공감이 나온다.

"나를 욕하는 것은 괜찮은데 방탄 욕하는 것은 못 참겠어요."

"수정이가 화를 내는 이유를 몰랐는데, 이제 이해돼요. 수정아 미안해."

승철이는 평소 여학생에게 사과하지 않는다. 담임 선생님이 잘못한 부분을 지도할 때도, 잘못이 없다고 해, 수석실에 여러 번 상담을 왔다. 그런 승철이가 스스로 사과하자 수정이 마음이 풀린다.

"선생님 승철이가 마음을 담아 사과하는 것은 처음 봐요. 저 감동받았어요. 승철아, 나도 때려서 미안해."

문제를 드러내고 사과하니, 둘 사이 갈등이 풀린다.

그림책에서 모처럼 바다에 수영 갔는데 비가 와 화나는 내용이 나온다. 하금이는 생각이 다르다.

"선생님 저는 비 맞으며 수영하는 것도 색다른 경험이라 좋아요."

생각을 조금만 다르게 하면 화나는 사건도 예기치 않은 행운이 된다. 화날 때 어떻게 할지 생각했다. 누군가에게 화가 나면 때려도 되는지 질문했다. 아이들이 안 된다고 한다. 그러면 다른 해결 방법을 물었다.

"화가 날 때 심호흡이 좋아요."

"언제 심호흡이 필요할까?"

"동생이랑 싸웠는데 나만 혼날 때요."

심호흡하는 법을 설명했다.

"그럴 때는 숨을 들이마셨다가 내쉬면 돼. 오래 숨쉬기 놀이해 볼까. 숨을 들이마셨다가 내쉬며 '화야 나가라~' 하며 라를 길게 말하는 놀이야."

"화야 나가라~~~~~~~~~~"를 가장 길게 한 소은이가 화야 나가라 구호를 한 번 더 했다.

아이들에게 빈칸 퀴즈를 냈다.

"이것은 뭘까?"

'소 (   ) 행.'

"화를 멈추기 위해서는 내가 좋아하는 일을 하는 것도 좋아. 소소하지만 확실한 행복은 무엇인지 맞추어볼까?"

힌트를 주자 아이들이 소확행을 맞춘다. 칠판 빈칸에 '확' 글씨를 적었다.

소확행이란 소소하지만 확실한 행복이다. 화가 날 때 실천할 소확행을 짝끼리 토의하고 발표했다.

"좋아하는 방탄소년단 사진을 보면 좋아요."
"선생님, 저는 칠판을 손톱으로 긁을 때 행복해요."
"아~~." 아이들이 그 소리를 상상했는지 싫은 목소리를 낸다.
"승철이는 칠판을 긁을 때 행복하다고 했는데 친구들 반응은 어때?"
"저는 좋은데 친구는 싫어해요."
친구가 칠판 긁는 소리 때문에 힘들면, 승철이는 행복하냐고 물으니 아니라고 한다.
"그러면 내용을 바꿀 생각 있니?"
"저 바꿀래요. 아이들과 축구 하고, 카트라이더에서 이겼을 때 즐거워요."
"오~호."
아이들이 손뼉 친다.

솔직히 말하는 것과 귀 기울여 듣는 것이 무엇인지 질문했다. 감정을 솔직하게 표현하면 화가 풀리고, 친구 말을 귀 기울여 들으면 관계가 좋아진다고 한다. 상대 이야기를 귀 기울여 들은 후, 문제에 대한 내 감정과, 상대에게 바라는 것을 말하라고 했다.

경청 및 나 전달 놀이를 했다.
가연이가 소확행을 발표할 때 일부러 다른 곳을 보며 잡담했다. 그런 후 가연이 기분을 물었다.

"선생님이 다른 곳을 보고, 제 이야기를 듣지 않아 화가 났어요."

"선생님이 다른 곳을 볼 때 어떤 기분인지 듣기 위해 일부러 보지 않았어. 그렇지만 가연이가 많이 속상했을 거야. 미안해."

가연이가 말할 때 장난쳐서 미안하다 말하고 한 번 더 발표를 부탁했다.

"저는 유튜브를 보면 행복해요. 동생이랑 싸우면 짜증 나는데 유튜브를 보면 아무 생각이 들지 않고 기분이 좋아져요."

가연이 말에 경청한 후 발표할 때 기분을 물었다.

"선생님이 잘 들어주시니 존중받는 기분이 들어요."

"선생님이 말할 때 여러분이 안 보면 선생님 마음은 어떨까?"

"똑같이 싫어요. 선생님도 사람이니까요."

선생님도 잘 들어주는 사람이 고맙다고 했다. 선생님이 말할 때 집중하는 여러분이 좋다고 했다.

내 물건을 다른 아이가 함부로 만질 때 어떻게 말할지 모둠끼리 토의했다. 상대 행동에 대해 내 감정과 바라는 것(행감바)을 말하라고 했다. 초연이가 발표한다.

"내 물건을 허락 없이 만지니까 기분이 나빠. 사과하면 좋겠어. 지금 내 물건 돌려주겠니?"

"정중하게 말했는데 상대가 물건을 돌려주지 않으면 어떻게 할까"라고 물으니 선생님께 말한다고 한다. 나도 이것은 고자질이 아니라 물건 주인의 권리라고 했다. 물건을 함부로 쓴 사람은 사과하고, 주인 마음이 허락할 때 용서하면 된다. 그래야 문제 해결이 되고, 사이좋게 놀 마음이 생긴다. 화날 때 내 마음을 표현하는 아이가 많아지길 바란다. 친구 말에 귀 기울이며 문제 해결하는 아이들이 그림책 수업을 통해 많아지면 좋겠다.

## 아이들과 함께 만들어 가는 그림책 놀이수업 교수 학습안

| 단계 | 그림책 놀이수업 교수·학습 활동 | 질문 | 놀이 |
|---|---|---|---|
| 도입 | ◉ 학습문제 확인<br>내 물건을 함부로 쓰는 아이에게 내 마음을 전달해보자.<br><br>◉ (전체 질문)<br>- 화가 날 때는 언제인가?<br>- 화가 나면 어떻게 해야 할까?<br><br>◉ (놀이) 호흡 놀이하기<br>- 호흡 놀이를 해보자. | 화 언제?<br>화 어떻게? | 호흡 놀이 |
| 전개 | ◉ (놀이) 빈칸 퀴즈 놀이하기<br>- 빈칸 퀴즈 놀이를 해보자.<br>◉ (짝 질문)<br>- 화가 날 때 필요한 나만의 소확행은?<br>◉ (전체 질문)<br>- 솔직히 말하는 것과 귀 기울여 듣는 것은 무엇일까?<br>◉ (놀이) 경청 및 나 전달 놀이하기<br>- 경청 및 나 전달 놀이를 해보자.<br>◉ (모둠 질문)<br>- 친구가 내 물건을 함부로 가지고 놀 때 어떻게 할까?<br>◉ (전체 질문)<br>- 정중하게 말했는데 상대가 내 물건을 돌려주지 않을 때는? | 소확행?<br><br>솔직한 말,<br>귀 기울여<br>듣는 것?<br><br>물건<br>함부로?<br><br>돌려주지<br>않을 때? | 빈칸 퀴즈 놀이<br><br>경청 및<br>나 전달<br>놀이 |
| 마무리 | ◉ (질문, 놀이) 본깨적 놀이<br>- 내가 알게 된 것을 본깨적 놀이로 발표해볼까?<br><br>(손을 잡고) 알궁근적 본깨적!<br>수업에서 본 것, 깨달은 것, 실천할 부분을 말함 | 알게<br>된 점? | 본깨적<br>놀이 |

## 그림책 놀이 방법

### 호흡 놀이
① "하나둘셋" 구호에 숨을 깊게 들이마신다.
② 숨을 내 쉴 때 "화야 나가라" 말하면서 "라~"를 길게 말한다.
③ 예선전은 앉아서 같이한다.
④ 결승전은 앞에서 시간을 재어 진행한다.

### 빈칸 퀴즈 놀이
① 중요단어 일부분을 감추고 칠판에 적는다.
　예) "소 (　) (　)"
② 단어의 글자를 조금씩 더 보여주면서 문제를 맞춘다.
　예) "소 (　) 행"
③ 답을 맞추지 못하면 힌트를 준다.
　예) 화를 멈추기 위해서는 내가 정말 좋아하는 일을 하면 좋아. 이것은 무엇일까? "
　소 (확) 행

### 경청, 나 전달 놀이(행감바)
① 상대 이야기에 공감하며 듣는다.
② 상대가 나를 불편하게 하면, 내 감정을 솔직하게 말한다.
　예) 행감: 너의 행동으로 나의 감정은 이렇다. 네가 지우개를 빌리고 돌려줄 때 지우개를 던지니, 기분이 나빠.
③ 상대에게 바라는(부탁) 말을 한다.
　예) 바: 바라는 말
　　　사과했으면 좋겠어.

# 나의 역할은?

## 돼지책

《돼지책》ⓒ 앤서니 브라운, 웅진주니어

　《돼지책》은 가족이 집안일을 나누어 실천할 때 함께 행복하다는 것을 알려주면서 가족의 의미를 다시 돌아보게 한다.
　혼자서 집안일을 감당하던 엄마는 가족에게 돼지라는 편지를 남기고 집을 나간다. 피곳 씨와 아이들은 집에서 돼지처럼 살다가 돌아온 엄마에게 용서를 구한다. 이후 가족은 각자 맡은 집안일을 하며 행복하게 산다.

학생 일은 공부라고 생각하는 우리나라에서 자녀는 집안일을 해야 할까? 사라 이마스가 쓴《유대인 엄마의 힘》에서는 자녀가 집안일을 해야 한다고 말한다. 유대인은 가족 모두가 집안일을 분담한다. 이스라엘은 부유한 가정일수록 자식에게 집안일을 더 맡긴다. 자녀도 가족의 일원이고 그에 따른 책임이 있다고 믿는다. 그래서 유대인들은 작은 영역이라도 가족끼리 집안일을 나눈다. 자녀가 해야 할 집안일을 부모가 하면 자녀의 의존성을 높이고 사회 적응을 어렵게 한다.

학교 동물농장에서 키울 병아리를 부화시킬 때였다. 병아리는 알에서 나올 때 오랫동안 사투를 벌인다. 이 상황이 안타까워 손으로 알을 깨주면 병아리가 태어나기는 하지만 얼마 지나지 않아 죽는 경우를 보았다. 스스로 알을 깨고 나오는 병아리만이 세상에서 생존할 힘을 가진다.
교육도 마찬가지다. 때로 아이들 행동이 답답하고, 안쓰럽겠지만 믿고 기다려야 한다. 그러면 아이는 자기 할 일을 스스로 한다.

《침대부터 정리하라》를 쓴 맥레이븐은 자신이 어려운 일을 제대로 한 이유가 해군으로 복무하는 내내 단 하루도 거르지 않았던 침대 정리 덕분이라고 했다. 이불 정리처럼 쉽게 할 수 있는 일을 아이에게 매일 하게 하자.
학교에서 아이에게 좋은 습관이 되게 하는 일은 무엇이 있을까? 쉬는 시간을 30분 만든 후 1분 책상 정리를 해보자. 1분 책상 정리를 기준에 맞게 하면 밖에 나가 놀게 하는 것이다. 아이들이 놀기 위해 책상 정리를 깨끗이 하다 보면 좋은 습관이 형성된다. 이후 공부 습관, 독서 습관을 단계에 맞춰 도우면 리더로 성장한다.

내가 날마다 하는 습관이 삶을 바꾼다. 나에게 평화로운 일상을 주고 공동체가 행복해진다. 교사는 아이가 날마다 하고 싶어 하는 일을 찾아 주어야 한다. 자기 역할을 찾은 아이는 공동체를 세우고 행복하게 성장한다.

 ## 수업 속으로

《돼지책》 표지에 무엇이 보이는지 질문했다. 엄마가 가족을 업고 있다고 한다.

그림책 속 엄마가 설거지, 침대 정리, 바닥 청소, 직장 퇴근 후 집안일을 한다.

"우리 집도 비슷해요. 아빠는 유튜브 보며 밥 먹고 엄마는 밥을 차려요."

그런데 남편에게 "아줌마 빨리 밥 줘"라는 말이 나오자 아이들이 한마디씩 한다.

"헐. 너무 했다. 아줌마가 뭐냐? 그러니까 엄마가 표정이 없지."

"혼자서 일만 하는 엄마가 불쌍해요. 나 같으면 같이 못 산다. 텔레비전 보면서 저렇게 놀기만 하면 결혼은 왜 하냐?"

아이들이 "맞다, 맞다"라며 맞장구를 친다.

'어느 날 저녁'이라는 내용에서 질문했다.

"어느 날 저녁 어떤 일이 일어났을까?"

"엄마가 집에 쓰러져 있을 것 같아요."

엄마가 편지를 두고 사라졌다고 말하며 초성 퀴즈를 냈다.

"이것은 무슨 내용일까? 'ㄴㅎㄷㅇ ㄷㅈㅇ'를 칠판에 적었다."

"너희들은 돼지야." 아이들이 정답을 말한다. 엄마가 왜 가족을 돼지라고 했는지 물었다.

"돼지는 먹고 싸고 노니까요. 가족들이 아무것도 안 하고 먹고 놀기만 하니 돼지죠."
"우리도 먹고 싸고 놀지 않나? 그러면 우리도 돼지인가?"
아이들에게 질문했다.
"아니에요. 우리는 집에서 할 일을 해요. 이 그림책은 엄마가 해주기를 바라고 시키기만 해요."
아이들이 집에서 어떤 역할을 하는지 물었다.
"저는 카레를 사서 집에 가요. 감자를 썰어 카레 요리를 해요."
"피존 넣어 빨래하고, 집 어질러지면 집 정리해요. 동생 씻기고 집 청소, 설거지를 하고 동생과 놀아요."
자기 나이보다 많은 집안일을 감당하는 4학년 아이들이 대견하면서 마음이 짠해진다.

방금 나온 이야기로 비유 놀이를 했다.
"너희들은 돼지야. 왜냐하면 엄마에게만 시키고 먹고 놀기만 했기 때문이야. 여기에서 너희를 나로 바꾸어 자기 소개해볼까?"
"나는 삐에로야. 왜냐하면 사람들에게 즐거움을 주기 때문이야."
"나는 나무야. 왜냐하면 친구에게 산소 같은 이로움을 주기 때문이야."
아이들이 자신을 사물에 빗대어 말한 후 이유를 설명한다. 비유한 사물을 아이들이 몸으로 표현했다.

피곳 부인이 집으로 걸어 들어올 때 피곳 씨와 아이들이 "제발, 돌아와주세요!"라는 장면에서 이야기를 나누었다. 가족이 다시 화목해진 이유를 짝끼리 토의했다.
"피곳 씨와 아이들이 잘못을 인정해서 좋아졌어요. 진심으로 사과하니 엄마 표정이 살아나요."
자신이 잘못하면 사과해야 한다고 발표하는 아이들이 예쁘다.
피곳 씨와 아이들이 요리에 재미를 느끼는 장면에서 질문했다.
"피곳 씨가 요리에 재미 붙인 것처럼, 예전에 몰랐는데 지금 재미있는 것은 뭐니?"
"어제 처음 목각인형극 공연을 보았는데 재미있었어요."
"저는 수석선생님께 글쓰기를 배우고 글을 쓰니 재미있어요. 나중에 작가 되는 꿈이 생겼어요."
그림책 수업을 통해 영주에게 꿈이 생겼다.

엄마가 차를 수리하며 행복해하는 장면을 읽은 후 운전 놀이를 했다.
"수리한 차를 타고 운전해 볼까? 두 명씩 짝을 지어 가위바위보 시작. 이긴 사람은 엄마야. 먼저 기름을 넣어. 진 사람 뒤에 서서 등을 검지손가락으로 콕콕콕 세 번 찌르기. 이제 시동을 겁니다. 어깨 다섯 번 주무르기. 옆 사람이랑 부딪치면 안 돼. 차가 움직입니다. 10킬로미터 어깨를 잡고 옆 차와 부딪치지 않게 운전. 20킬로미터 50킬로미터로 달립니다. 부우웅~~ 주황불~ 주황불은 속도를 10킬로미터로 줄이며 옆 차와 하이파이브. 빨간불은 멈추기. 빨간불!"
엄마, 차 역할을 한 번씩 돌아가며 했다.

반이 행복하기 위해 역할을 어떻게 나눌지 모둠 토의했다. 우유 나누기, 복도 청소, 교실 앞뒤 청소, 재활용 버리기, 칠판 닦기, 특별실 관리 등이 나온다. 모둠 안에서도 나눔이, 기록이, 칭찬이, 이끔이를 돌아가며 하기로 했다. 각자 역할을 하면서 배려하고, 실수하면 응원하기로 했다.
"가족이 함께 행복하려면 어떻게 해야 할까?"
가족 행복에 대해서 질문했다.
"문제가 생기면 피곳 씨처럼 사과해야 해요."
아이들이 돼지책을 통해 사과는 관계회복에 필수임을 배운다.
"부자가 되야 해요."
"처음 피곳 씨 가족은 부자가 아니어서 행복하지 않은 거야?"
내 질문에 가족끼리 서로 돕고 대화하지 않았기 때문이라고 한다.
"돈은 많고 사랑 없는 가족과 돈은 부족하지만 사랑하는 가족 중 누가 더 행복할까"란 질문을 했다. 돈만 많은 가족보다, 사랑이 넘치는 가족이 더 행복하다고 한다. 아이 하나가 부자이면서 가족끼리도 사랑하면 좋겠다고 한다. 아이들이 웃는다. 아이에게 하나를 고르라 하니 사랑을 선택한다. 그림책을 통로로 아이들과 사랑을 나누는 이 시간이 참 좋다.

## 아이들과 함께 만들어 가는 그림책 놀이수업 교수 학습안

| 단계 | 그림책 놀이수업 교수·학습 활동 | 질문 | 놀이 |
|---|---|---|---|
| 도입 | ◉ **학습문제 확인**<br>집과 교실에서 내 역할을 알아보자. | | |
| | ◉ **(전체 질문)**<br>- 돼지책 표지에서 무엇이 보이니?<br>- 어느 날 저녁 어떤 일이 일어났을까? | 표지?<br>어떤 일? | |
| | ◉ **(놀이) 초성 퀴즈 놀이하기**<br>- 초성 퀴즈 놀이를 해보자. | | 초성 퀴즈<br>놀이 |
| 전개 | ◉ **(전체 질문)**<br>- 엄마는 가족을 왜 돼지라고 했나? 우리도 돼지인가? | 돼지 의미? | |
| | ◉ **(놀이) 비유 놀이하기**<br>- 비유 놀이를 해보자. | | 비유 놀이 |
| | ◉ **(짝 질문)**<br>- 가족은 어떻게 다시 화목해졌을까? | 가족 화목? | |
| | ◉ **(전체 질문)**<br>- 예전에는 몰랐는데 지금 재미있는 것은? | 지금 재미? | |
| | ◉ **(놀이) 운전 놀이하기**<br>- 운전 놀이를 해보자. | | 운전 놀이 |
| | ◉ **(모둠 질문)**<br>- 우리 반이 행복하려면 어떻게 역할을 나누어야 할까? | 역할<br>나누기? | |
| | ◉ **(전체 질문)**<br>- 가족이 함께 행복하려면? | 가족 행복? | |
| 마무리 | ◉ **(질문, 놀이) 본깨적 놀이**<br>- 내가 알게 된 것을 본깨적 놀이로 발표해볼까? | 알게<br>된 점? | 본깨적<br>놀이 |
| | **(손을 잡고)** 알궁근적 본깨적!<br>수업에서 본 것, 깨달은 것, 실천할 부분을 말함 | | |

## 그림책 놀이 방법

### 초성 놀이
① 글자 자음을 칠판에 쓴다.
② 자음이 무슨 내용인지 문제로 낸다.
③ 정답을 아는 친구는 정답을 외친다.
④ 초성과 관련된 문장을 맞춘다.
　예) 'ㄴㅎㄷㅇ ㄷㅈㅇ'
　　　정답 ; 너희들은 돼지야

### 비유 놀이
① 발표자가 비유한 사물을 몸으로 표현한다.
② 자신과 비슷한 사물을 말한다.
　예) "나는 나무야."
③ 그 사물과 비슷한 이유를 말한다.
　예) "친구에게 산소 같은 이로움을 주기 때문이야."
④ 비유를 몸으로 표현한다.

### 운전 놀이
① 가위바위보로 차와 엄마 역할을 나눈다.
② 기름을 넣고 시동을 건다.
③ 어깨를 잡고 속도에 따라 다르게 움직인다. 주황불은 속도를 늦추고, 빨간불은 멈춘다.
④ 차와 엄마 역할을 바꾼다.

# 다름을 인정하면 어떻게 될까?
## 까만 아기 양

《까만 아기양》ⓒ 엘리자베스 쇼, 푸른그림책

《까만 아기 양》은 소수를 차별하지 않고 각자 다른 개성을 존중하며 살 때 모두 행복한 것을 보여준다. 그림책에 나오는 주요 인물은 까만 아기 양, 양치기 개 폴로, 양치기 할아버지다. 양치기 개 폴로는 책임이 강하고, 까만 아기 양은 생각이 자유롭다. 할아버지는 폴로를 집안에 재울 정도로 사랑하는 동시에, 까만 아기 양의 개성을 있는 그대로 인정한다.

폴로는 양들을 보호하는 안전한 울타리 역할을 한다. 폴로가 안전을 위해 양들에게 명령하면, 흰 양들은 그대로 따른다. 반면 까만 아기 양은 폴로의 명령과 다르게 행동할 때가 있어 폴로를 불편하게 한다. 폴로에게 까만 아기 양은 규칙을 파괴하는 존재이다.

까만 아기 양도 폴로 때문에 힘들다. 자기 생각대로 하고 싶은 까만 아기 양에게 폴로는 자유를 침해하는 존재이다. 까만 아기 양에게 폴로는 말이 통하지 않는 무서운 존재다. 다른 양들과 색깔이 달라 하얀 양에 비해 폴로에게 잘 걸리는 것도 억울하다.

공동체가 잘 되기 위해서는 까만 아기 양과 폴로 모두 필요하다. 폴로는 들판에서 안전을 책임지는 일을 한다. 하지만 따뜻한 공동체를 만드는데 폴로의 리더십은 적당하지 않다. 폴로에게 필요한 것은 다른 가치를 인정하며 살아가는 마음이다. 연민으로 규칙 너머에 있는 까만 아기 양을 봐야 한다.

학교에도 까만 아기 양처럼 공동체와 다른 방향으로 행동하는 아이가 있다. 우리가 할 일은 아이 행동을 바로 수정하는 것이 아니라 아이 마음을 살피는 것이다. 그래서 아이 스스로 행동을 수정하게 도와야 한다.

양들을 이끌며 전체 갈등을 중재하는 양치기 할아버지도 실수할 때가 있다. 눈보라가 몰아칠 때 뜨개질이 젖을까 봐 양들을 들판에 둔 채, 폴로와 함께 오두막으로 피신했다. 할아버지는 오두막에 들어오고 나서야 양들에 대한 걱정과 후회를 한다.

양치기 할아버지가 뜨개질 때문에 양을 놓친 것처럼, 나도 교과서를 가르치다가 아이를 놓친 적이 있다. 지금은 교과서보다 아이를 놓치지 않으려고 끊임없이 고민한다. 교사에게 중요한 것은 교과서가 아니라, 아이 내면을 바라보고 소중히 여기는 마음임을 깨달았기 때문이다.

 까만 아기 양의 진가는 눈보라 치는 밤에 발휘된다. 시키는 대로 살아가는 양들이 들판에서 폴로를 찾으며 우왕좌왕할 때, 까만 아기 양은 눈보라를 피해서 양들을 동굴로 인도한다. 까만 아기 양과 아침 일찍 양들을 찾아 나선 할아버지로 인해 양들은 무사히 집으로 돌아온다.
 할아버지는 양들을 두고 오는 실수를 했지만, 양들을 포기하지 않고 끝까지 찾았다. 다양한 양 떼가 있는 멋진 목장을 만들었다. 실수할 때 포기하지 않고 도전하면 좋은 열매를 맺는다. 실수해도 도전하는 교육을 하면서 아이들을 도와야 한다. 아이 마음속 보물을 깨우는 행복한 놀샘의 삶을 살고 싶다.

 **수업 속으로**

그림책 제목을 가리고 표지에 그려진 그림의 귀 부분을 보여주었다. 무엇이냐 물으니 토끼, 말, 양이라 한다. 까만 아기 양이라 말하니 '아' 탄성이 나온다.

'겨우내 눈으로 뒤덮였던 알프스산'이라는 첫 번째 문장을 읽은 후 시간 놀이를 하였다.
"겨우내라는 말은 뭘까?"
"겨울이라는 뜻이에요."
"겨울은 시간인가?"
"예."
"지금부터 시간과 관련된 말이 나오면 손뼉 치는 거야. 겨우내(짝), 시간(짝), 아침(짝), 폴로, 할아버지, 점심(짝), 가을(짝), 폴로, 겨울(짝) 잘했어. 시간 놀이 미션 성공."

"양치기 할아버지가 외롭지 않을까?" 질문하니 외롭지 않다고 한다.
"귀여운 양이 많고, 믿음직한 양치기 개 폴로가 있기 때문입니다."
"할아버지가 제일 잘하는 것은 무엇일까?"
"뜨개질입니다."

"남자가 왜 뜨개질을 하지?"라고 생각하는 아이가 있어 양성평등 이야기를 했다. 남자 디자이너, 남자 간호사, 여자 군인, 여성 경찰을 예로 들었다.

할아버지가 울타리에 들어가는 양을 셀 때 3, 6, 9놀이를 했다. 3, 6, 9놀이는 3, 6, 9에서 숫자를 말하는 대신 손뼉 치는 놀이다. 이를 변형하여 3이 나올 때는 까만 아기 양 소리인 매애애~, 6이 나올 때는 폴로 소리인 월월, 9가 나오면 양치기 할아버지 피리 소리인 피리이이를 말하며 놀았다.
"1, 2, 매애애 / 4, 5, 월월 / 7, 8, 피리이이 / 10……"

폴로가 까만 아기 양을 싫어하는 이유를 물었다. 폴로가 "왼쪽으로 가" 하면 양들은 왼쪽으로 가는데 까만 아기양은 오른쪽으로 가기 때문이라고 한다.
"까만 아기 양의 행동에 대해 짝과 이야기해 볼까?"
"저는 말을 안 듣는 까만 아기 양 같은 동생 때문에 화가 날 때가 있어요. 그래서 폴로가 이해돼요. 까만 아기 양도 같이 행동할 때는 집중하면 좋겠어요."
"까만 아기 양은 작은 실수를 해도 색깔 때문에 드러나요. 생각을 잘하는 좋은 점은 보지 못하고 실수만 지적하는 폴로가 잘못되었어요."
아이들 생각도 서로 다르다. 폴로가 잘못이라 말하는 아이가 많지만, 동생 때문에 힘든 아이는 폴로 편을 든다.
양치기 할아버지는 폴로 말을 경청하고, 까만 아기 양의 고민을 듣는다. 책임감 있는 폴로와 창의성이 뛰어난 까만 아기 양을 다독이는 지혜를 보인다. 그러다가 눈보라에 뜨개질한 것이 젖을까 봐 양들을 버리고 집에 간 할아버지 장면이 나왔다.

"양치기 할아버지는 지혜로운 사람이라고 생각했는데, 뜨개질만 가지고 들어간 것은 너무해요."

양들을 순간 잊어버린 것 같다는 말에 아이들이 반박한다.

"이런 것은 잊어버리면 안 돼요. 생명을 잃을 수 있어요."

"우리도 할아버지처럼 실수할 때는 없니?"

모둠과 생각을 나누었다.

선생님이 말할 때 옆 사람과 떠든 것, 친구에게 물총을 빌리고 주지 않은 실수 등이 발표되었다.

"실수하고 나면 어떤 마음이 들어?"

"부끄러워요. 창피해요."

실수하면 어떻게 하냐고 물으니 사과한다는 이야기가 많다. 비가 온 뒤 땅이 굳듯이 실수 후 친구와 친하게 된 이야기도 나온다.

까만 아기 양이 밤새 양들을 지키고, 아침 일찍 양들을 찾아 나선 할아버지 덕분에 양들은 무사했다. 이후 어떤 일이 있었는지 물었다.

"할아버지가 까만 아기 양에게 고맙다는 인사를 해요. 까만 아기 양을 품에 안고 언덕을 내려와요."

할아버지가 고맙다는 인사를 하지 않았다면, 까만 아기 양이 속상했을 것이라고 한다. 고맙다고 해서 문제 정리가 잘 되었다고 한다. 우리가 실수하면 인정하고 사과해야 한다. 실수한 친구는 상대가 바라는 것을 듣고 실수하지 않으려 노력해야 한다. 그러면 친구와 좋은 관계를 다시 만들 수 있다.

하얀 양털 옷보다 까만 아기 양털로 무늬를 넣은 옷이 인기가 많아 잘 팔리는 장면을 읽었다. 부족하다고 생각한 까만 털이 빛을 발하는 순간이다. 내가 단점이라고 생각하는 것이 장점일 수도 있다고 말했다. 그런 후 함께 까만 아기 양의 장점을 찾았다.

자신을 희생하는 마음, 다르게 생각하는 창의성, 누군가를 도와주는 마음이 나왔다. 나중에 까만 아기 양의 장점을 폴로가 알게 되어 서로 사이좋게 지낸다고 말한다.

서로 연결되는 전기 가위바위보를 했다.

"우리 특별한 양 떼처럼 길게 서서 손을 잡아 볼까? 제일 처음 친구가 옆 친구에게 손을 한 번 누르면 전기는 한번 전달되고, 두 번 누르면 친구에게 두 번 전달 돼. 전기를 손으로 한 번 보내면 가위, 두 번 보내면 바위, 세 번 보내면 보야. 손을 잡고, 상대 팀에게 보이지 않으려면 허리 뒤로 손을 감추고 전기를 보내는 거야. 마지막 사람이 전기를 받으면 손을 위로 들면 돼(마지막 사람 손을 든다). 전기를 모두 받았네. 손을 위로 들고 안 내면 진다 가위바위보! 전체가 통일된 1모둠 승리. 박수~. 박수 친 2모둠도 같이 승리."

전기 가위바위보를 하면서 팀이 하나 되었다. 틀려도 괜찮다고 격려하는 모습이 마음속 한 장의 사진으로 남았다.

## 아이들과 함께 만들어 가는 그림책 놀이수업 교수 학습안

| 단계 | 그림책 놀이수업 교수·학습 활동 | 질문 | 놀이 |
|---|---|---|---|
| 도입 | ⊙ **학습문제 확인**<br>서로 다름을 인정하고 실수 후 사과 방법을 알아보자.<br>⊙ **(전체 질문)**<br>- 무엇처럼 보이나?<br>⊙ **(놀이) 시간 박수 놀이하기**<br>- 시간 박수 놀이를 해보자. | 무엇처럼? | 시간 박수 놀이 |
| 전개 | ⊙ **(전체 질문)**<br>- 양치기 할아버지는 외롭지 않나?<br>- 할아버지가 제일 잘하는 것은?<br>⊙ **(놀이) 369 놀이하기**<br>- 369 놀이를 해보자.<br>⊙ **(짝 질문)**<br>- 까만 아기 양의 행동에 대해 어떻게 생각하나?<br>⊙ **(전체 질문)**<br>- 할아버지는 왜 들판에 양들을 버려두고 갔나?<br>⊙ **(모둠 질문)**<br>- 실수 한 경험은?<br>- 실수하고 나서 어떻게 할까?<br>⊙ **(전체 질문)**<br>- 까만 아기 양의 장점은?<br>⊙ **(놀이) 단체 전기 가위바위보 놀이하기**<br>- 단체 전기 가위바위보 놀이를 해보자. | 외로움?<br>잘하는 것?<br><br>까만 아기 양 행동?<br>왜 버렸나?<br><br>실수 경험?<br>실수 후 어떻게?<br>장점은? | 369 놀이<br><br><br><br><br><br><br><br>단체 전기 가위바위보 놀이 |
| 마무리 | ⊙ **(질문, 놀이) 본깨적 놀이**<br>- 내가 알게 된 것을 본깨적 놀이로 발표해볼까?<br>**(손을 잡고)** 알궁근적 본깨적!<br>수업에서 본 것, 깨달은 것, 실천할 부분을 말함 | 알게 된 점? | 본깨적 놀이 |

## 그림책 놀이 방법

### 시간 박수 놀이

① 시간과 관련된 말이 나오면 손뼉을 친다.
② 시간과 관련되지 않으면 손뼉을 치지 않는다.
  예) 시간(짝), 아침(짝), 폴로, 할아버지, 점심(짝), 가을(짝)
③ 나온 시간을 연결해 이야기를 만든다.

### 3, 6, 9 놀이

① 3, 6, 9가 나올 때 숫자를 말하는 대신 손뼉을 친다.
  예) "1, 2, 짝, 4, 5, 짝, 7……"
② 3이 나올 때는 까만 아기 양 소리인 "매애애~"라고 한다.
③ 6이 나올 때는 폴로 소리인 "월월"이라고 한다.
④ 9가 나오면 양치기 할아버지 피리 소리인 "피리이이"라고 한다.
  예) "1, 2, 매애애, 4, 5, 월월, 7, 8, 피리이이, 10……."

### 단체 전기 가위바위보 놀이

① 두 팀으로 나누어 한 줄로 선다.
② 첫 번째 사람이 전기를 보낸다.
③ 전기를 손으로 한 번 보내면 "가위", 두 번 보내면 "바위", 세 번 보내면 "보"다.
④ 마지막 사람이 전기를 받으면 손을 위로 들고 다 같이 가위바위보를 한다.

## 06

# 이해하고 용서할 것은?
## 검피 아저씨의 뱃놀이

《검피 아저씨의 뱃놀이》ⓒ 존버닝햄, 시공주니어

   《검피 아저씨의 뱃놀이》는 '리더란 어떤 성품을 가지고 살아야 하나?', 공동체 약속이 깨질 때 '리더는 어떻게 행동해야 할지' 생각하게 하는 그림책이다.
   검피 아저씨는 배를 타고 싶어 하는 아이, 동물과 뱃놀이를 한다. 처음에 즐거웠던 뱃놀이는 탑승자들이 약속을 지키지 않아 위기에 처한다.

위험한 장난으로 배가 기울어져, 결국 아이와 동물은 물에 빠진다. 이들은 강에서 헤엄쳐 강둑에 올라와 햇볕 아래에 몸을 말린다.

3월이 되면 아이들은 검피 아저씨의 배에 타듯 새로운 교실에 온다. 선생님과 학급 규칙을 세우고 행복하게 출발하지만, 검피 아저씨의 배처럼 흔들린다. 아이들은 자극적인 반응을 추구하다가 때로 위험한 장난을 친다. 모험 놀이를 즐기며, 약속한 규칙을 잊어버리기도 한다.

놀이터에 있는 3m 늘임봉을 타던 아이들이 6m가 넘는 운동장 스탠드 기둥에 올라가 있다. 3학년 아이들이 나를 부른다. "이렇게 높은 곳을 스스로 올라왔어요"라고 자랑한다. 그 감정을 존중하며 아이들을 내려오게 했다. "선생님이 왜 내려오라고 했을까"란 질문에 아이들이 잠시 생각한다. 나의 걱정하는 표정을 읽은 후, 행동이 안전하지 못하다고 이야기한다. 이후 위험한 놀이는 하지 않겠다는 약속을 스스로 말한다.

《타이탄의 도구들》을 쓴 팀 페리스는 성공한 사람은 현재 상황을 직시하고, 사소한 일에 예민하게 반응하지 않으며, 침착한 태도를 유지한다고 말한다. 검피 아저씨는 화가 나는 상황에서 그런 모습을 보여준다. 몸을 말린 후 검피 아저씨는 충고나 조언 대신 아이들과 동물 모두를 집에 초대한다.

"집으로 돌아가자. 차 마실 시간이다"는 사랑의 언어다.

따뜻한 환대 속에 차를 마시는 아이들은 어떤 생각을 했을까? 자기 행동을 반성하고, 실수를 배움으로 연결하지 않았을까? 검피 아저씨는 차를 마시면서 안전한 뱃놀이에 대해 아이들 스스로 생각하고 반성하게 했다.

과학체험행사 시 강당에 가지 않고 교실에 있겠다고 고집 피우는 2학년 아이 상담을 했다. 검피 아저씨 마음으로 감정을 읽고, 아이 입장에서 대화했다. 얼마 지나지 않아 내 손을 잡은 아이는 교실에서 강당으로 이동해 여느 아이처럼 즐겁게 수업했다. 아이가 나를 제일 좋아한다는 이야기를 담임 선생님께 들었다. 나는 아이 이야기를 검피 아저씨 마음으로 들어주었고, 아이는 그 마음을 알아차렸다.

학교라는 큰 강에서 검피 아저씨 뱃놀이는 계속 진행된다. 물에 빠진 아이들은 계속 나타난다. 아이들이 실수할 때, 스스로 헤엄치고 강둑에서 몸을 말릴 수 있는 시간을 주자. 따뜻한 차 한 잔을 아이와 마시며 눈을 맞출 때 서로 연민으로 연결된다.

 **수업 속으로**

아이들과 검피 아저씨 뱃놀이 율동을 했다.
"어느 날 검피 아저씨가 배를 탔어요. 친구들이 배를 타고 싶다고 말했어요. 모두 한배를 탔어요. 안녕하세요. 반갑습니다. 검피 아저씨입니다!"

아이와 동물들은 검피 아저씨 배에 타서 신 난다. 검피 아저씨 배를 탈 때 규칙을 지키겠다고 약속했지만, 배를 탄 후 심한 장난을 친다. 왜 그랬는지 아이들에게 물어보았다. 짜증이 나서 그렇다고 한다. 왜 짜증 난 것 같은지 질문했다. 좁은 배에 동물들이 너무 많이 타서 그렇다고 한다. 장난을 따라 하다 보니 점점 심한 장난을 치게 되었다는 말도 나온다.
"빠지면 죽어요. 그런데 장난치는 것을 보면 멍청해서 그런 것 아닐까요?"
"멍청해서 장난을 친 것 같아?"
"예."
"그렇다면 그 배에 탄 동물들 모두 멍청할까? 우리 교실이 배라고 생각해 봐. 여러분은 교실에서 장난을 치니? 안 치니?"
"쳐요."
멍청해서 장난치냐고 물으니 아니라고 한다.
"멍청해서 그런 것이 아니라 규칙을 잊어 평소 습관대로 장난을 친 것 같아요. 배에서 위험한 장난은 안 돼요."
 동물들이 장난친 것을 교실 상황으로 비유하자 이야기가 더 많아진다.

 동물들이 장난치다가 배에서 떨어져 물에 빠진다. 이 장면을 교육연극으로 나타냈다.
 방석을 8개 붙여 임시 배를 만들었다.
 "이제 여러분이 배에 탈 거야. 누가 검피 아저씨 할까?"
 검피 아저씨에 자원한 예원이를 먼저 태웠다.
 '동네 꼬마들이 우리도 타도 돼요?' 라는 그림책 장면을 읽었다. 동네 꼬마 역할을 하고 싶은 두 명이 임시 배에 올라간다.
 "토끼가 탔습니다. 고양이가 탔습니다."
 동물 숫자가 늘어나면서 아이들 목소리가 커진다.
 "빨리 앞으로 당겨, 한 칸만 잡아. 옆으로도 가고."
 "우리가 16명인데 여덟 자리 밖에 없잖아. 방석 하나에 두 명씩 서야 해."
 아이들 대화에서 수학 개념도 나온다. 서로 붙어 있는 것이 아슬아슬하다.
 8개 방석에 16명 학생들을 다 태웠다.
 "지금 어때?"
 "배가 좁아서 불편해요. 공간이 좁은 것 때문에 더 흥분해 장난친 것 같아요."
 아이들이 배에 타는 간접경험을 통해 상황을 실감 나게 느낀다.
 "이제 장난을 쳐 봅니다."

장난을 치게 하자 배에서 떨어지는 아이가 생긴다. 방석이 떨어져 배가 구멍이 난 상황도 만들어졌다.

"여러분 모두 물에 빠졌습니다. 검피 아저씨 배에 탄 동물과 아이는 모두 헤엄칠 수 있었죠? 헤엄을 쳐서 탈출합니다."

아이들이 교실 바닥에서 엎드려 헤엄치며 교실 끝으로 간다.

두 팀으로 나누어 이야기 바꾸기 놀이를 했다.

"이야기를 바꿀게. 검피 아저씨 외에는 수영을 못해. 그래서 검피 아저씨가 징검다리를 놓아야 해."

배가 된 방석이 이번에는 징검다리가 되었다. 학생 한 명이 검피 아저씨가 되어 징검다리를 놓았다.

이후 검피 아저씨가 약속을 지키지 않는 아이들에게 화를 내지 않은 이유를 짝끼리 토의시켰다.

"한 번이니까 봐주었어요."

"검피 아저씨가 화를 안 낸 이유는 스스로 깨달으라고 그런 것 같아요."

잘못한 부분이 있는데 화를 내지 않고 검피 아저씨처럼 해준 분이 있다고 가연이가 말한다.

"수석선생님이요. 저희가 장난칠 때 화내지 않고 웃어주셔서 좋아요. 저희 속 보석을 깨우라고 말씀해 주시고 따뜻하게 대화해 주시잖아요."

아이들의 인정하는 칭찬에 내 마음속 보석도 깨어난다.

따뜻한 햇볕 아래 몸을 말린 후 검피 아저씨 집에 초대되어 차를 마시는 장면으로 이야기를 나누었다. 차는 무서운 마음, 죄책감을 가진 마음을 녹여주고, 관계를 하나로 연결하는 사랑이라고 정리했다.

정지사진으로 중요장면을 표현하는 모둠 활동이 진행되었다.
"정지사진으로 기억에 남는 장면을 모둠끼리 표현해볼까?"
발표를 원하는 모둠부터 정지사진 동작을 했다. '하나 둘 셋'하면 그림책 장면 중 가장 인상 깊은 장면을 몸으로 표현해 멈추었다. 아이들이 동작을 맞추지 못하면 3초간 무언극으로 동작을 보여주었다. 그래도 맞추지 못하면 말과 동작을 동시에 3초간 하게 했다. 물에 빠지는 장면, 조용히 차를 마시는 장면, 몸을 말리는 장면을 아이들이 만들었다.

아이들은 정지 동작을 통해 검피 아저씨와 등장인물의 마음을 몸으로 느꼈다. 검피 아저씨처럼 상대 실수를 이해하고 용서할 부분을 토의했다. 엄마가 나에게 화낸 것, 친구가 뒤에서 흉본 것, 친한 친구가 다른 친구와 놀아 속상한 이야기가 나온다. 평소에 말하지 못했던 친구, 가족 이야기가 검피 아저씨 그림책을 통해 바깥으로 나온다. 그림책을 통해 마음속 이야기를 꺼내는 아이들이 대견하다.

## 아이들과 함께 만들어 가는 그림책 놀이수업 교수 학습안

| 단계 | 그림책 놀이수업 교수·학습 활동 | 질문 | 놀이 |
|---|---|---|---|
| 도입 | ◉ **학습문제 확인**<br>검피 아저씨의 마음으로 이해하고 용서할 것을 알아보자.<br>◉ **(놀이) 뱃놀이 율동하기**<br>- 뱃놀이 율동을 해보자.<br>◉ **(전체 질문)**<br>- 왜 동물들은 약속을 어기고 배에서 심한 장난을 쳤을까? | 왜 약속을 어겼을까? | 뱃놀이 율동 놀이 |
| 전개 | ◉ **(전체 질문)**<br>- 우리는 교실에서 어떻게 행동하나?<br>◉ **(놀이) 뱃놀이하기**<br>- 방석 뱃놀이를 해보자.<br>◉ **(짝 질문)**<br>- 검피 아저씨가 약속을 지키지 않는 친구들에게 화를 내지 않은 이유는?<br>- 검피아저씨가 준 차의 의미는?<br>◉ **(모둠 질문)**<br>- 정지사진으로 기억에 남는 장면을 표현해 볼까?<br>◉ **(놀이) 정지사진 놀이하기**<br>- 정지사진 놀이를 해보자.<br>◉ **(전체 질문)**<br>- 내가 이해하고 용서할 것은? | 교실 행동?<br><br><br>화내지 않은 이유?<br>차의 의미?<br><br>기억 장면?<br><br><br>이해 용서? | 방석 뱃놀이<br><br><br><br><br><br><br>정지사진 놀이 |
| 마무리 | ◉ **(질문, 놀이) 본깨적 놀이**<br>- 내가 알게 된 것을 본깨적 놀이로 발표해볼까?<br>**(손을 잡고) 알궁근적 본깨적!**<br>수업에서 본 것, 깨달은 것, 실천할 부분을 말함 | 알게 된 점? | 본깨적 놀이 |

## 그림책 놀이 방법

### 뱃놀이 율동

① 검피 아저씨가 배에 탄다.
  내용) 어느 날 검피 아저씨가 배를 탔어요.
② 친구들이 배를 탄다.
  내용) 친구들이 배를 타고 싶다고 말했어요.
③ 한배를 탄다.
  내용) 모두 한배를 탔어요!
④ 서로 인사한다.
  내용) 안녕하세요. 반갑습니다.
  검피 아저씨입니다!"

### 방석 뱃놀이

① 일정 크기의 방석이나 신문지를 준비한다.
② 그림책 내용에 따라 아이와 동물들이 탄다.
  예) "동네 꼬마들이 우리도 타도 돼요?" 동네 꼬마가 탑니다.
③ 다 탔을 때, 장난을 쳐서 떨어진다.
④ 헤엄쳐 강둑으로 온다.

### 정지사진 놀이

① 그림책 속 중요장면을 정한다.
② 정지사진으로 표현한다.
  -가장 인상 깊은 장면을 몸으로 표현하고 멈춤.
③ 아이들이 동작을 맞추지 못하면 무언극, 말과 동작을 3초간 보여준다.
④ 정지사진에 대해 설명한다.

# 규칙은 지켜야 하나?
## 도서관에 간 사자

《도서관에 간 사자》ⓒ 미셸 누드슨, 웅진주니어

　《도서관에 간 사자》는 관장님을 돕기 위해 스스로 규칙을 어기고 도서관을 떠난 사자가 맥비 씨의 도움으로 다시 돌아오는 이야기다. 규칙을 지키는 것, 더 큰 목적을 위해 규칙을 어기는 것, 타인에게 신뢰를 얻는 과정이 잘 나타나 있다.

어느 날 도서관에 사자가 온다. 우리와 다른 무서운 존재를 환대할 사람이 얼마나 있을까? 게다가 사자는 이야기책을 더 읽어달라고 소리 지른다. 메리웨더 관장은 규칙을 지키지 않으려면 도서관을 떠나라고 한다. 이 말에 슬퍼하는 사자의 으르렁이 도서관을 채운다. 다행히 규칙을 지킨다고 약속하면 사자를 있게 해달라는 아이 제안을 메리웨더 관장이 받아들이면서 사자는 도서관에 있게 된다.

메리웨더 관장은 죄는 미워하되 사람은 미워하지 않는 따뜻한 이성을 가졌다. 그녀는 사자가 도서관 가족이 되게 돕는다. 사자는 먼지 털기, 편지 봉투 바르기, 키 작은 아이를 등에 태워 책 뽑는 일을 도우며 인정받는다. 중재한 어린이와 메리웨더 관장의 도움으로 바깥에서 으르렁거리며 살던 사자는 공동체를 위해 봉사한다.

책을 꺼내다 다친 메리웨더 관장의 상황을 알리기 위해 사자는 맥비 씨 앞에서 고함을 지른다. 사자는 관장님을 돕는 과정에서 도서관에서 조용해야 한다는 규칙을 어긴다. 사자는 스스로 도서관을 떠난다. 그전까지 사자를 싫어했던 맥비 씨는 사자가 왜 고함을 쳤는지 알고 사자를 찾아 나선다. 맥비 씨는 사자를 찾아서 다친 친구를 도울 때는 으르렁거려도 된다는 새로운 규칙을 알린다. 사자는 많은 사람의 환영을 받으며 다시 도서관에 돌아온다.

교실에도 덩치 크고 힘이 센 사자 같은 아이가 있다. 자신이 하고 싶은 일을 친구 감정과 상관없이 하고, 교실 규칙을 자주 어겨 공동체를 힘들게 한다. 선생님이 잘못된 행동에 책임지게 하면 불만을 표시하기도 한다. 시간이 지날수록 아이는 학교에 마음을 붙이지 못하는 부적응 학생이 된다. 선생님께 반항하거나 무기력해진다.

규칙을 지키지 않는 아이를 변화시키기 위해서는 규칙 너머에 있는 아이 감정을 읽어야 한다. 아이가 가진 욕구를 찾고, 학급에 도움 되는 역할을 주어야 한다. 아이 재능을 믿고 대화하는 과정을 통해 사자 같은 아이가 친구를 돕는 공동체의 일원이 된다.

사자가 도서관에 오고 싶어 하듯 아이가 학교에 오고 싶게 해야 한다. 아이들과 학교에서 필요한 규칙을 만들고 친구와 하루 50분 놀 수 있는 시간, 공간, 친구를 만들어주자. 이런 놀이 환경을 통해 아이들은 따뜻한 인성과 리더십을 가지게 된다. 사자가 이야기 시간을 기다린 것처럼, 아이들은 놀이 시간을 기다린다.

그다음에는 아이들이 수업 시간을 기다리게 해야 한다. 그러려면 놀이와 배움이 하나 된 행복수업을 만들어야 한다.

 **수업 속으로**

"어느 날 도서관에 사자가 왔어. 사자는 왜 도서관에 왔을까?"
질문을 한 후 그림책을 읽었다. 사자가 도서관에서 이야기를 더 듣고 싶어 "으르르르으르렁" 소리 내는 장면이 나온다.
"우리 같이 으르르르으르렁 해볼까? 시작!"
"으르르르으르렁."
사자 울음소리를 잘 낸 3명을 앞에 불러 발표시키니 아이들이 잘한다고 손뼉 친다.

사자가 도서관에서 으르렁거려 쫓겨 나갈 상황에서 사자 율동을 하였다.
"사자 한 마리 도서관에서 으르렁 크게 소리쳤어요.
으르렁 하려면 도서관 나가라. 으르렁 고치고 행복했어요."

사자가 이야기 수업 전 도서관에서 봉사활동 하는 장면을 읽었다. 우리도 수업시간 전 무엇을 할지 발표했다.
"1인 1역할을 하면 좋겠습니다. 왜냐하면 봉사활동으로 적합하기 때문입니다."
"아침에는 친구들과 인사하고 놀면 좋겠어요. 놀면 기분이 좋아요."

"아침에 읽고 싶은 책을 읽다가 친구와 이야기하고 싶어요."

아이 스스로 무엇인가 해야 할 일을 생각해 찾는 것이 공부다. 아이들이 말한 것을 일주일에 걸쳐 실천해보자고 했다.

처음 도서관에 온 사람들은 사자로 인해 안절부절못한다. 사자가 꾸준히 봉사활동을 하자 사람들은 사자를 고마워한다. 그런 상황에서도 도서관 직원 맥비 씨는 사자는 같이 있어서는 안 될 동물이라며 경계한다. 사자와 도서관에 같이 있어도 되는지 학생들 생각을 물어보았다.

"사자가 도서관에 있어도 괜찮아요. 사자 성격이 바뀌었기 때문이에요."

"지금 좋아지면 괜찮다"라고 말하는 친구가 많다. 그래서 질문을 바꾸었다.

"단짝처럼 지내는 친구가, 과거에 내 험담을 많이 한 것을 알았어. 그래도 똑같이 잘해줄 수 있니?"

만약 나한테 그렇게 했다면 예전처럼 대하기가 어렵다고 한다. 아마 맥비 씨는 사자가 동물을 잡아먹는 것을 보거나 들었을 것 같다고 말한다. 그러자 사자는 위험하다는 맥비 씨 의견을 아이들이 이해한다.

관장님이 책을 꺼내다가 다쳤을 때 구조를 요청하러 사자는 허겁지겁 복도를 달려간다.


아이들과 관장님 돕기 가위바위보를 했다.

"도와 도와 관장님 도와 사자가(소림사 가위바위보)."

진 친구는 자리에 서서 가위바위보를 했다. 이기거나 비긴 친구는 움직이며 가위바위보를 하였다.

'규칙은 지켜야 하는가?'에 대한 모둠 토의를 했다.

"규칙이 좋으면 지키고 나쁘면 지키지 않아도 돼요."

"복도에서 걷는 것과 도서관에서 조용한 것은 좋은 규칙이야 나쁜 규칙이야?"

"좋은 규칙이에요."

"좋은 규칙이니까 관장님이 다쳐도 사자는 복도에서 걷고 조용해야겠네?"

"누가 다친 것은 특수한 상황이니까 뛰거나 큰 소리를 내서라도 알려야 해요."

"안전이나 생명의 위험이 있을 때는 규칙보다 위에서 생각해야 해요. 신호등을 지켜야 하지만 불났을 때 소방차가 신호를 무시하고 가는 것과 같아요."

규칙은 지켜야 하지만 공익에 필요한 경우에는 지키지 않아도 된다고 한다.

맥비 씨가 도서관을 떠난 사자를 찾는 장면을 읽었다.

"맥비 씨는 사자를 어디에서 찾았을까?"

아프리카 초원, 동물원, 길거리, 학교, 시장, 목장 다양한 이야기가 나왔다. 그런데 사자는 도서관 밖에 앉아 유리문을 보고 있다. 사자가 왜 유리문을 들여다보고 있냐는 질문에 도서관에 가고 싶기 때문이라고 말한다.

이때 맥비 씨가 사자에게 다가가 다친 친구를 도울 경우에는 규칙을 지키지 않아도 되는 새로운 규칙을 말해준다.

"맥비 씨는 사자를 찾아 이런 규칙을 왜 말해주었을까?"

맥비 씨도 사자를 믿게 되었어요. 사자가 관장님을 돕기 위해 스스로 손해를 보았기 때문이에요."

사람 마음을 얻는다는 것은 자기 손해를 감수하며 다른 사람을 돕는 것임을 수업을 통해 느낀다. 우리도 사자 찾는 놀이를 하자고 했다.

"우리 사자 찾는 놀이 해볼까? 열쇠를 가진 사람이 사자가 되는 거야. 술래는 맥비 씨 역할을 해. 맥비 씨가 사자 근처에 가면 박수가 점점 커지고, 사자 앞에서는 으르렁이라고 외치면서 박수를 크게 치는 거야."

현우에게 사자 열쇠를 주었다. 가은이가 현우 근처에 갈 때 박수 소리가 커지고 옆에 가니 함성 소리가 난다. 가은이가 현우를 바로 잡는다.

사자가 되어 잡힌 현우에게 질문했다.
"현우는 교실에서 어떤 친구를 돕고 싶어?"
"형진이가 발을 다쳤는데 급식을 받아주겠습니다."
공책 정리한 것 보여주기, 체육 시간이 끝나고 매트 정리하기도 나온다.
도서관 사자처럼 돕는 교실 환경을 만드는 아이들 발표가 예쁘다.

## 아이들과 함께 만들어 가는 그림책 놀이수업 교수 학습안

| 단계 | 그림책 놀이수업 교수·학습 활동 | 질문 | 놀이 |
|---|---|---|---|
| 도입 | ◉ **학습문제 확인**<br>**규칙의 의미와 도움에 대해 알아보자.**<br>◉ **(전체 질문)**<br>- 사자는 왜 도서관에 왔을까?<br>◉ **(놀이) 사자 율동 놀이하기**<br>- 사자 율동 놀이를 해보자. | 왜 도서관? | 사자 율동 놀이 |
| 전개 | ◉ **(전체 질문)**<br>- 수업 시간 전 아침 활동으로 무엇을 하고 싶나?<br>- 도서관에 사자가 있어도 되나?<br>◉ **(짝 질문)**<br>- 단짝 친구가 과거에 내 험담을 많이 한 것을 알았다면?<br>◉ **(놀이) 도와 도와 가위바위보 놀이하기**<br>- 도와 도와 가위바위보 놀이를 해보자.<br>◉ **(모둠 질문)**<br>- 규칙은 지켜야 하나?<br>◉ **(놀이) 사자 찾기 놀이하기**<br>- 사자 찾기 놀이를 해보자.<br>◉ **(전체 질문)**<br>- 교실에서 어떤 친구를 돕고 싶나? | 아침 활동?<br>도서관사자?<br><br>험담?<br><br><br>규칙?<br><br><br>친구 돕기? | 도와 도와<br>가위바위보<br>놀이<br><br>사자 찾기<br>놀이 |
| 마무리 | ◉ **(질문,놀이) 본깨적 놀이**<br>- 내가 알게 된 것을 본깨적 놀이로 발표해볼까?<br><br>**(손을 잡고)** 알궁근적 본깨적!<br>수업에서 본 것, 깨달은 것, 실천할 부분을 말함 | 알게<br>된 점? | 본깨적<br>놀이 |

## 그림책 놀이 방법

### 사자 율동 놀이

① 함께 사자 울음소리를 낸다.
② 분위기를 좋게 한 후 사자 율동을 한다.
　예) "사자 한 마리 도서관에서 으르렁 크게 소
　　 리 쳤어요.
　　 으르렁 하려면 도서관 나가라. 으르렁 고치
　　 고 행복했어요."
③ 율동을 마치면서 수업에 집중한다.

### 도와도와 가위 바위 보 놀이

① "도와 도와 관장님 도와 사자가"라고
　 말하며 소림사 가위바위보를 한다.(가
　 위: 뱀모양, 바위: 주먹 허리 옆, 보: 손을 학 날
　 개처럼 옆으로)
② 진 친구는 그 자리에서 가위바위보를
　 하고, 이기거나 비긴 친구는 움직이면
　 서 계속 가위바위보를 한다.
③ 끝까지 살아남은 친구가 관장님을 구
　 하는 사자가 된다.

### 사자 찾기 놀이

① 사자가 된 아이에게 열쇠(인형)를 준다.
② 맥비 씨가 되어 사자를 찾으려는 아이
　 는 술래가 된다.
③ 맥비 씨가 사자 근처에 가면 아이들이
　 박수를 크게 친다.
④ 맥비 씨가 사자 옆에 가면 으르렁이라
　 고 크게 외치고 손뼉을 친다.

# 4장

## 우정사랑 나누기

# 친구를 사귀는 방법은?
## 친구를 모두 잃어버리는 방법

《친구를 모두 잃어버리는 방법》ⓒ 낸시 칼슨, 보물창고

《친구를 모두 잃어버리는 방법》에는 짜증내기, 혼자 독차지하기, 심술꾸러기 되기, 반칙하기, 고자질하기, 울기가 나온다. 그림책은 친구를 잃어버리는 방법을 보여주지만, 오히려 친구 사귀는 방법을 떠올리게 한다. 친구와 좋은 우정을 만들라는 숨은 의미가 담겨 있다.

좋은 친구 관계는 만나면 행복해야 한다. 《멈추면 비로소 보이는 것들》의 저자 혜민 스님은 옳은 것보다 행복한 삶을 중요시한다. 옳은 소리라고 하면서 내 감정을 배려하지 않는 친구보다, 나에게 공감하는 친구가 더 소중하다.

친구를 사귀고 오랫동안 함께하려면 친구에게 대접받고자 하는 대로 대접해야 한다. 친구를 진심으로 도우면 결국 사랑의 부메랑으로 돌아온다.

선의를 역으로 이용해 과도한 요구를 하는 친구는 어떻게 할까? 내가 할 수 없는 영역은 이유를 말하고 거절해야 한다. 지금 도와주기 어려운 상황이면 정중하게 거절해야 한다. 시간이 흐른 후 도와줄 수 있으면, 역으로 언제부터 할 수 있다고 말한다. 이처럼 내 상황과 감정을 정확히 표현할 때, 건강한 관계가 만들어진다. 거절하지 못해 상대 부탁을 마지못해 들어주면, 시간이 지났을 때 둘 다 난처한 상황이 만들어진다.

나시야 아리에가 쓴 《목요일의 사총사》에는 인기 많은 리더 이마이 아이, 분위기 메이커 유키포, 예쁘지만 자기주장을 잘하지 않는 곳코, 부끄럼을 타는 오노자키 아이가 나온다.

오노자키 아이는 우정의 목도리가 문제가 되어 은근한 따돌림을 받고 마음의 상처를 입는다. 그 후 오노자키 아이는 자기 마음을 속이기보다 마음이 시키는 대로 산다. 이마이 아이가 시킨 류키를 불러내되 함께 고백하지 않고 평소 좋아하는 쓰바사에게 관심을 표현한다.

오노자키 아이는 스스로 일을 선택하고 미움 받을 용기를 가진다. 사총사를 벗어나 자기 마음을 있는 그대로 받아준 사요리와 친구 관계를 맺는다. 마음을 있는 그대로 표현한 오노자키 아이는 예전보다 더 행복해진다.

그림책을 읽다 보면 평안하기, 나누기, 따뜻하기, 정직하기, 허물 덮기, 웃기와 같은 친구를 얻는 방법이 떠오른다. 단어를 생각하는 것만으로 마음이 밝아지고 친구 사귈 힘이 솟는다. 이런 마음으로 친구를 만나면 좋은 우정이 만들어진다.

'나는 스쳐 지나가는 친구인가? 마음을 연결하며 살아가는 친구인가?' 스스로 질문한다. 오랜 친구가 생각나는 날이다.

 **수업 속으로**

"친구란 무엇일까?"

아이들에게 질문했다.

"친하니까 친구지요."

"아하하." 아이들이 웃는다.

"나에게 친구가 없다면 어떨까?"

"외로워 학교 오기 싫을 것 같아요."

아이들이 그 말에 "맞다 맞아" 맞장구친다. 아이들은 학교에 공부하러 오기보다 친구와 놀기 위해 온다는 말이 실감 난다.

《친구를 모두 잃어버리는 방법》이라는 책을 천천히 읽었다.

"너에게 친구가 하나도 없기를 바란다면 여기 나오는 방법을 그대로 따라 하렴. 첫 번째 절대로 웃지 말아야 한다." 그림책 장면을 읽고 몸 코코코 웃음 놀이를 했다.

"선생님이 말하는 것이 어디 있는지 맞추렴. 몸몸몸 '자' 선생님 몸에 '자'가 있어."

"눈동자." "아~하" 아이들이 호응한다.

"몸몸몸몸 꼬리. 선생님 몸에 꼬리가 있어."

"쥐꼬리, 말꼬리, 눈꼬리." 아이들이 여러 꼬리를 말하다가 눈꼬리를 말한다.

"맞아 눈꼬리, 그런데 입꼬리도 있어. 눈꼬리는 내려야 하고 입꼬리는 올려야 해. 선생님이 '하나둘셋' 하면 눈꼬리는 내리고 입꼬리는 올려보자. 눈꼬리는 내리고, 입꼬리를 올리면 어떤 일이 벌어질까?"

옆 친구를 보고 동작을 따라 하게 했다. 친구끼리 서로 웃는 것을 보여 주며 또 웃는다. 친구 얼굴을 보고 웃을 때 어땠는지 발표했다.

"웃음이 상대에게 전염이 돼요. 친구가 웃으니 나도 모르게 더 크게 웃어요."

"웃으면 친구도 웃고, 그러면 친구도 많아져요."

아이들이 웃음은 친구를 사귀는 데 좋은 방법이라고 생각한다.

이어 얼굴 가위바위보 놀이를 했다.

"가위는 눈꼬리는 내리고, 입꼬리는 올리는 거야. 그러면 웃는 표정이 되겠지. 바위는 입에 공기를 넣어 입안을 동그랗게 만들기, 보는 입을 크게 벌리면 돼."

"가위바위보."

멋쩍어하던 아이들이 놀이를 시작하자마자 얼굴을 여러 가지 표정으로 바꾼다.

아이들이 웃으면 이길 수 있도록 의도적으로 계속 입을 크게 벌려 보를 냈다. 몇몇 아이들이 규칙을 찾아낸다. 뒤이어 전체 아이들이 눈꼬리를 내리고, 입꼬리를 올리며 가위를 낸다. 아이들을 많이 웃게 한 것으로 이 놀이는 성공이다.

술래잡기 할 때 반칙하는 부분을 읽었다. 친구와 놀이할 때 어떻게 하면 좋을까 짝끼리 토의했다.

"안전하게 하면 좋겠어요."

"왕따 없이 모두가 즐거워야 해요."

아이들에게 놀이하면서 즐거웠던 경험을 물었다.

"현수가 나에게 패스를 해 골을 넣었어요. 그때 즐겁고 고마웠어요."

"현수가 한 행동이 놀이 고수가 하는 거야. 놀이 고수는 친구를 배려하면서 놀지. 그림책처럼 반칙해서라도 이기려 하는 사람은 놀이의 하수란다. 이기려고 남을 속이는 것은 놀이를 즐기지 못하는 거야. 결국에는 친구를 잃어버리게 되지."

복도에서 뛴 아이들을 선생님께 일러바치는 고자질 이야기가 나온다. 고자질과 친구를 위하는 말의 차이점을 물었다. 고자질은 친구를 혼나게 하는 것이고, 위하는 말은 친구를 걱정하는 것이라고 한다. 그 말을 듣고 고자질보다 위하는 말을 하자고 했다.

친구를 모두 잃어버린 아이가 다른 아이에게 과자를 나눈다. 과자는 어떤 의미인지 모둠끼리 토의했다.

"사과의 의미에요. 미안한 마음을 쿠키와 함께 전달해요. 그러면 친구와 사이좋게 지내게 돼요."

"우리는 완벽하지 않아 실수해. 그때 사과는 어떻게 해야 할까?"

"'미안해'라고 하면 돼요. 지금이라도 사과하지 않은 것이 있다면 즉시 사과하면 좋겠어요."

한 친구가 소리 질러 속상한 마음을 표현하자 소리를 지른 친구가 미안하다고 바로 사과한다.

사과는 잘못을 인정하고 사과한 뒤, 앞으로 어떻게 할지 약속하는 '인사약'으로 하자고 했다.
"내가 소리를 질러(인정) 진심으로 미안해(사과), 앞으로 소리 지르지 않도록 조심할게(약속)." 다시 아이가 사과했다.

아이들과 꼬인 손 풀기 놀이를 했다.
"친구 관계를 푸는 놀이 해볼까? 전체가 원을 만들어 손을 엑스자로 꼬아. 그다음 오른손을 위로 올려 손등이 보이게 해. 왼손은 아래로 손바닥이 보이게 해서 서로 잡아봐. 살다 보면 관계가 이렇게 꼬일 수 있어. 이것을 협동해서 풀어볼 거야. 시작!"
아이들이 손을 돌리고 문을 만들어 매듭을 푼다. 친구들과 놀다가 다투면 오늘처럼 풀라고 했다.

이후 친구를 얻는 방법을 찾았다.
"우리 친구를 잃어버리는 방법이 아니라 친구를 얻는 방법을 찾아볼까?"
절대로 웃지 않기는 활짝 웃기, 모두 독차지하기는 함께 나누기, 심술꾸러기 되기는 양심꾸러기 되기, 반칙하기는 규칙 지키기, 고자질하기는 바르게 알리기, 앙앙 울기는 솔직하게 내 마음 표현하기로 바꾸었다. 그림책에서 배운 친구 얻는 방법을 실천해 아이들이 행복하면 좋겠다.

## 아이들과 함께 만들어 가는 그림책 놀이수업 교수 학습안

| 단계 | 그림책 놀이수업 교수·학습 활동 | 질문 | 놀이 |
|---|---|---|---|
| 도입 | ⊙ **학습문제 확인**<br>**친구를 잃는 방법과 사귀는 방법을 알아보자.**<br>⊙ **(전체 질문)**<br>- 나에게 친구가 없다면 어떨까?<br>⊙ **(놀이) 몸 코코코 웃음 놀이하기**<br>- 몸 코코코 웃음 놀이를 해보자. | 친구가 없다면? | 몸 코코코 웃음 놀이 |
| 전개 | ⊙ **(전체 질문)**<br>- 웃을 때 어떤 기분이 드나?<br>⊙ **(놀이) 얼굴 가위바위보 놀이하기**<br>- 얼굴 가위바위보 놀이를 해보자.<br>⊙ **(짝 질문)**<br>- 놀이는 어떻게 하는 것이 좋을까?<br>⊙ **(전체 질문)**<br>- 고자질과 위하는 말의 차이점은?<br>⊙ **(모둠 질문)**<br>- 과자의 의미는?<br>⊙ **(놀이) 꼬인 손 풀기 놀이하기**<br>- 꼬인 손 풀기 놀이를 해보자.<br>⊙ **(전체 질문)**<br>- 친구를 사귀는 방법은? | 웃을 때 기분?<br><br>놀이는?<br><br>고자질, 위하는 말?<br>과자 의미?<br><br><br>친구 사귀는 방법? | 얼굴 가위바위보 놀이<br><br><br><br><br>꼬인 손 풀기 놀이 |
| 마무리 | ⊙ **(질문, 놀이) 본깨적 놀이**<br>- 내가 알게 된 것을 본깨적 놀이로 발표해볼까?<br>**(손을 잡고) 알궁근적 본깨적!**<br>수업에서 본 것, 깨달은 것, 실천할 부분을 말함 | 알게 된 점? | 본깨적 놀이 |

## 그림책 놀이 방법

### 몸 코코코 웃음 놀이

① "코코코 귀" 하면 아이는 귀를 잡는다.
② "코코코 무릎" 하면서 귀를 잡으면 아이는 무릎을 잡아야 한다.
③ 우리 몸에 있는 것을 맞춘다.
   예) "몸몸몸 꼬리." "눈꼬리."
④ 눈꼬리는 내리고 입꼬리는 올리면서 웃음 연습을 한다.

### 얼굴 가위바위보 놀이

① 가위는 눈꼬리는 내리고, 입꼬리는 올려 웃는다.
② 바위는 얼굴에 공기를 넣어 입을 동그랗게 만든다.
③ 보는 입을 크게 벌린다.
④ 교사는 보(입을 벌림)를 의도적으로 해, 아이들이 가위(웃는 얼굴)를 내도록 유도한다.
   예) 교사 : 가위바위보! (보를 내기 위해 입을 크게 벌림)
       학생 : 가위(입꼬리 올리고 눈꼬리 내림)

### 꼬인 손 풀기 놀이

① 오른손을 위, 왼손을 아래로 엇갈리게 손을 꼰다.
② 꼬인 손을 친구들과 함께 푼다.
③ 손을 잡은 채로 몸을 뒤집는다.
④ 두 사람이 문을 만들면 나머지 아이는 문을 통과한다. 그러면 꼬인 손이 풀어진다.

# 내가 나눌 수 있는 것은?
## 무지개 물고기

《무지개 물고기》 ⓒ 마르쿠스 피스터, 시공주니어

　《무지개 물고기》는 내가 가진 소유를 지혜롭게 나눌 때 나와 주변이 행복하다고 말한다. 누구에게나 실수를 만회할 기회가 있으며, 내 고민을 있는 그대로 들어줄 대상이 필요함을 알게 한다.
　무지개 물고기는 바다에서 가장 아름답다. 남들이 없는 반짝이 비늘이 있기 때문이다. 무지개 물고기는 반짝이 비늘을 나누지 않다가 외로워진다. 소유와 반대인 나눔은 좋지만 이처럼 실천하기는 어렵다.

　이러던 무지개 물고기가 나눔을 실천할 수 있었던 이유는 자기 문제를 고민하는 동시에 문어 할머니 조언에 귀를 기울였기 때문이다. 무지개 물고기는 소유하려는 본능을 이겼고, 반짝이 비늘을 나누었다. 사랑은 나누면 풍성해진다. 무지개 물고기는 반짝이 비늘을 나누어 바다에서 가장 행복한 물고기가 되었다.

　1929년 시카고 대학에 부임한 허친스 총장은 모티머 에들러라는 독서 대가와 시카고 플랜을 만들었다. 학생들은 고전 100권 읽기와 역할모델을 연구했다. 이 과정을 통해 학생들은 고전과 역할모델이라는 반짝이 비늘을 만들었다. 시카고 대학을 졸업한 학생들은 각 분야에서 반짝이 비늘을 나누며 탁월한 성과를 냈다. 이름도 없던 시카고 대학은 얼마 지나지 않아 세계 최고 명문대학이 되었다.

　누구에게나 반짝이 비늘은 있다. 반짝이 비늘을 혼자 독차지하면 사람이 떠나고 나누면 모인다. 나누는 반짝이 비늘은 공동체의 변화를 이끌고 함께 성장하는 힘이 된다. 물론 반짝이 비늘을 상대가 원하지 않을 때 억지로 주는 것은 좋지 않다. 상대가 원할 때까지 기다린 후 주어야 효과가 있다.

　영아가 수학이 어려운 철주를 돕다가 갈등이 생겼다. 영아가 철주가 푸는 수학 문제가 틀렸다고 지운 것이 원인이다. 돕던 영아는 틀렸으니까 다시 풀라고 지웠고, 철주는 자기 허락 없이 풀던 문제가 지워져 속상했다. 허락 없이 지워서 미안하다고 영아가 사과하자 철주도 오해해

미안하다고 한다. 철주가 문제 푸는 것을 어려워하는 순간까지 기다렸다가 영아가 도왔다면 서로 미안한 마음 대신 처음부터 고마운 마음을 가졌을 것이다.

내 수첩에는 사람들과 나누고 싶은 꿈기록장이 있다. 그중 하나가 6·25 때 우리나라를 도와준 에티오피아에 우물을 파는 것이다. 대한민국 스승 상금 천만 원이 생겼을 때, 망설이지 않고 월드비전 에티오피아 우물파기 사업에 부부 이름으로 기부한 것도 꿈기록장 덕분이었다. 이제 에티오피아 쿠타에 무그노 마을에 설치된 우물을 통해 약 600명의 주민이 흙탕물 대신 깨끗한 물을 마시게 되었다. 지칠 때 우물을 떠올리면 마음에 행복이 찾아온다. 반짝이 비늘을 나누어준 무지개 물고기처럼 행복한 사람이 된다. 아프리카 반짝이 우물이 내 마음을 적신다.

 **수업 속으로**

무지개 물고기를 읽기 전 퀴즈를 냈다.
"넌센스 퀴즈야. 물고기 중에 가장 머리 좋은 물고기는?"
"돌고래!"
"땡! 정답은 고등어야. 고등학교까지 나왔어."
"에이~ 선생님."
"이번에는 진짜 퀴즈! 알을 낳지 않고 새끼를 낳아 젖을 먹이는 물고기는?"
"고래!"
"정답!"
"고기 중에 가장 아름다운 물고기는?"
"비단잉어~."
"아니. 정답은 무지개 물고기야. 오늘 읽을 그림책은《무지개 물고기》야."

퀴즈 덕분에 즐거운 분위기를 만들었다. 파란 물고기가 무지개 물고기에게 다가가는 장면을 읽었다.
"무지개 물고기야, 잠깐만 기다려봐! 네 반짝이 비늘 한 개만 줄래? 네 반짝이 비늘은 정말 멋지구나. 너한텐 굉장히 많잖아."

반짝이 비늘 덕분에 인기 많던 무지개 물고기가 친구에게 버럭 소리를 지르는 장면에서 질문했다.

"무지개 물고기와 파란 물고기의 대화를 보고 어떤 생각이 들어?"
"친구를 잃어버리는 방법을 무지개 물고기가 쓰고 있어요."
일주일 전 읽은 그림책 내용을 아이가 말한다.
"내 것을 안 줄 수도 있는 것 아니야?"
"그렇지만 저렇게 화를 내면 안 되죠."
파란 물고기 행동에 대해 질문했다.
"파란 물고기 행동은 괜찮아?"
"속이 상한 것은 이해되지만 친구들에게 그렇게 말하면 뒷담화이에요."
"무지개 물고기에게 속상한 것을 먼저 말하고, 해결이 안 되면 부모님이나 선생님께 말해야 해요."
파란 물고기가 되어 무지개 물고기에게 속상함을 짝끼리 표현하게 했다.
"네가 화를 내니 속상해. 사과해주면 좋겠어."
무지개 물고기는 바다에서 가장 아름답지만, 이 사건 이후로 가장 쓸쓸한 물고기가 되었다. 무지개 물고기는 불가사리 아저씨에게 현재 상황을 말한다. 이후 문어 할머니를 만나는 장면에서 이구동성 놀이를 했다.

"지금 하나의 단어로 이구동성 놀이를 하겠습니다. 맞추어보세요."
문제 내는 4명의 학생이 단어 하나를 한 글자씩 동시에 말했다.
"역!할!모!델!"(동시에)

아이들 입에서 역지사지, 역할놀이 같은 다른 단어가 나온다. 문제를 내는 아이 입 모양을 한 명씩 보여주었다. 그래도 맞추지 못해 '델'이라는 마지막 글자를 알려주었다. "역할몬델", "영활모델", "영화모델" 계속 틀리다가 한참 뒤에야 "역할모델"이라는 정답이 나온다.

정답이 나온 후 역할모델에 대해 이야기를 나누었다.
"역할모델은 누구를 말할까?"
아이들이 불가사리 아저씨, 문어 할머니를 말한다. 나에게 도움을 주는 분, 내가 되고 싶은 분이 역할모델임을 말했다. 나의 역할모델이 누구냐고 하니 부모님, 수석선생님, 저커버그, BTS, 손흥민 선수가 나온다.
문어 할머니 조언에 따라 반짝이 비늘을 나누어준 무지개 물고기는 새로 사귄 친구들과 다시 행복했다. 여러분이 무지개 물고기라면 비늘을 줄 것인지 모둠토의 했다. 반짝이 비늘을 나누어준다는 모둠이 많았다. 만약 주고 싶지 않다면 줄 수 없는 이유와 함께 "미안해"라는 말을 한다고 했다.

토의 후 무지개 물고기 나눔 놀이를 하였다. 가위바위보를 이긴 사람이 무지개 물고기, 진 사람이 파란 꼬마 물고기가 되었다. 무지개 물고기가 도망가는 파란 꼬마 물고기를 잡으면 "화내서 미안해. 반짝이 비늘을 나누어 줄게"라고 말한다. 파란 꼬마 물고기가 "고마워" 하면 역할을 바꾸어 놀이가 반복된다.

놀이 후 아이들이 사과하고 고마워하는 것이 좋다고 한다.

무지개 물고기처럼 내가 나누고 싶은 부분을 질문했다. 용돈, 지식, 대화가 나온다.

"지식을 나눈다는 것은 어떤 거야?"

연주가 손을 들고 발표한다.

"친구가 이해하지 못하는 수학을 알기 쉽게 설명해준 경험이 있어요."

"혹시 연주에게 수학을 배운 친구!"

많은 학생이 손을 든다. 고마운 마음을 표현해보라고 하자 친구들이 말한다.

"예전 수학 3단원이 어려운 일이 있었는데 연주가 가르쳐주니까 다음 문제는 쉽게 풀 수 있어서 좋았어요."

"시험에서 틀린 부분을 오답할 때 연주가 알려줘 쉬웠어요."

"연주야~, 친구들이 좋아하니까 어떤 느낌이 들어?"

"행복해요. 갑자기 무지개 물고기가 된 것 같아요."

"우리 연주에게 손뼉 쳐줄까?"

자기 일처럼 아이들이 손뼉을 친다.

질문, 그림책, 놀이를 통해 아이들이 갈등 해결 방법을 배운다. 나눔을 실천하는 친구에게 감사함이 느껴지는 따뜻한 수업이었다.

## 아이들과 함께 만들어 가는 그림책 놀이수업 교수 학습안

| 단계 | 그림책 놀이수업 교수·학습 활동 | 질문 | 놀이 |
|---|---|---|---|
| 도입 | ◉ 학습문제 확인<br>**무지개 물고기 고민과 내가 나눌 수 있는 것을 알아보자.**<br>◉ (놀이) 넌센스 퀴즈 놀이하기<br>- 넌센스 퀴즈 놀이를 해보자.<br>◉ (전체 질문)<br>- 가장 아름다운 물고기는? | 가장 아름다운 물고기? | 넌센스 퀴즈 놀이 |
| 전개 | ◉ (놀이)<br>- 무지개 물고기의 대화는 어떤가?<br>- 파란 꼬마 물고기 행동은 어떤가?<br>◉ (짝 질문)<br>- 속상함을 어떻게 표현하면 좋을까?<br>◉ (놀이) 이구동성 놀이하기<br>- 이구동성 놀이를 해보자.<br>◉ (전체 질문)<br>- 역할모델은?<br>- 무지개 물고기는 비늘을 어떻게 했나?<br>◉ (모둠 질문)<br>- 여러분이 무지개 물고기라면 반짝이 비늘을 줄 것인가?<br>◉ (놀이) 무지개 물고기 나눔 놀이하기<br>- 무지개 물고기 나눔 놀이를 해보자.<br>◉ (전체 질문)<br>- 내가 나눌 수 있는 것은? | 대화?<br>행동?<br><br>속상함 표현?<br><br><br><br>역할모델?<br>비늘은?<br><br>무지개 물고기라면?<br><br><br><br>나눌 수 있는 것? | 이구동성 놀이<br><br><br><br>무지개 물고기 나눔 놀이 |
| 마무리 | ◉ (질문, 놀이) 본깨적 놀이<br>- 내가 알게 된 것을 본깨적 놀이로 발표해볼까?<br>**(손을 잡고) 알궁근적 본깨적!**<br>수업에서 본 것, 깨달은 것, 실천할 부분을 말함 | 알게 된 점? | 본깨적 놀이 |

## 그림책 놀이 방법

### 넌센스 퀴즈 놀이

① 교사가 넌센스 퀴즈를 낸다. 넌센스 퀴즈는 상식, 고정관념을 벗어난 퀴즈를 말한다.
② 아이들이 넌센스 퀴즈를 맞춘다.
③ 아이들이 넌센스 퀴즈를 낸다.
④ 좋은 분위기가 만들어질 때 자연스럽게 수업한다.

### 이구동성 놀이

① 문제 내는 아이를 앞으로 나오게 한다.
② 아이 한 명에 한 글자를 알려준다.
③ 시작이라는 구호에 문제 내는 학생이 단어를 동시에 외친다.
　예) "역!할!모!델!(동시에)

### 무지개 물고기 나눔 놀이

① 두 사람이 가위바위보를 통해 파란 물고기와 무지개 물고기를 정한다.
② 무지개 물고기가 파란 꼬마 물고기를 잡는다. 잡으면 "화내서 미안해. 내 반짝이 비늘을 나누어 줄게"라고 말한다. 파란 꼬마 물고기는 "고마워"라고 말한다.
③ 역할을 바꾸어 놀이를 반복한다.

# 친구가 힘들 때 어떻게 할까?
## 우리는 친구

《우리는 친구》ⓒ 앤서니 브라운, 웅진주니어

　《우리는 친구》는 서로 다른 존재인 고릴라와 고양이가 즐거운 일, 어려운 일을 겪으며 우정을 만드는 이야기다. 동물원에서 부족한 것 없는 고릴라는 친구가 없어 외롭다는 신호를 사람에게 보낸다. 동물원 사람은 고릴라에게 예쁜이라는 작은 고양이와 생활하게 해준다. 고릴라는 예쁜이에게 우유, 꿀을 주고 영화도 함께 보며 행복해진다.

남덕초등학교에서 중간 놀이하는 시간을 학교 구성원과 함께 만들었다. 월요일, 금요일은 50분, 화, 수, 목요일은 30분이다. 아이들은 운동장과 놀이터에서 놀며 친구가 된다.

　　놀이시간 외로운 제자가 보이면 조용히 놀이 친구가 된다. 놀다 보면 선생님이 무엇을 하는지 궁금한 아이들이 몰려온다. 함께 놀고 싶어 하는 아이를 끼워서 놀다가 자리를 살짝 빠져나온다. 내가 없어도 놀이는 신나게 진행된다. 외롭다던 아이 얼굴에 해맑은 미소가 번지는 것은 옆에 친구가 있기 때문이다.

　　토드 홉킨스와 레이힐버트가 지은《청소부 밥》에도 친구가 나온다. 어울릴 것 같지 않은 청소부 밥과 밥의 회사 젊은 사장 킴브로우는 친구가 된다. 청소부 밥은 행복한 삶을 살기 위한 여섯 가지 지침을 삶에 지쳐 있는 킴브로우와 나눈다.

　　첫 번째 지침은 지쳤을 때 재충전하는 것이다. 킴브로우는 산책하기, 책 읽기, 음악 듣기, 차 마시기 등 취미활동이나 레저 활동에 대한 이야기를 나누고 사무실에 다시 온다. 그리고 하루 종일 쓰기 힘들었던 이메일 쓰기를 10분 만에 끝낸다. 바쁜 업무를 잊고 청소부 밥과 차를 나누며 나눈 깊은 대화가 일의 능률을 높였기 때문이다. 그 기분으로 킴브로우는 가정에서도 좋은 관계를 만든다.

　　친구는 킴브로우와 청소부 밥처럼 있는 그대로 존중해야 한다. 초등학교 시절 친구가 떠오른다. 초등학생 때 친구와 설날 집집마다 복조리를 돌려 용돈을 벌기도 했다. 서로 집을 오가며 하루 종일 붙어 다녔다.

대장을 하려 했던 나를 있는 그대로 존중해준 친구에게 고마운 마음이 든다. "친구야. 네가 있어 외롭지 않았다"고 말해주고 싶다.

　서로 필요를 채우며 이야기하는 대상은 모두 친구다. 고릴라와 고양이가 친구이듯, 내가 만나는 나, 가족, 책, 하늘, 산, 제자도 친구다. 물건을 훔치고 친구를 때려 상담하는 아이가 오늘은 내 친구다. 일상을 나누는 이 시간이 아이 인생에서 의미 있는 순간이 되면 좋겠다.

 **수업 속으로**

동물원에서 손짓말을 하는 고릴라 장면을 읽고 아이들과 손짓말 놀이를 했다.
"선생님이 손짓말 할 테니 맞춰 봐. 이것이 뭘까?"
아이들에게 호랑이 흉내를 내었다.
"호랑이." 현수가 맞춘다. 현수에게 문제 낼 기회를 주었다.
"이제 현수가 손짓말을 할 거야."
현수가 지렁이 흉내를 낸다.
"지렁이!"
"맞았어. 지렁이 맞춘 아영이 앞으로 나와 볼래?"
아영이와 악수하며 "우리는"이라고 말하니 아이들이 "아하" 하면서 "친구"라고 한다.

고릴라는 부족한 게 하나도 없어 보였는데 슬퍼한 부분에서 질문했다.
"고릴라는 왜 슬펐을까?"
"친구가 없어서 슬픈 거예요."
"엄마가 없어 슬픈 거예요."
엄마가 없어 혼자서 밥을 잘하는 연화가 말한다. 그림책을 읽으며 아이 마음이 읽힐 때는 연민이 든다.

고릴라가 손짓으로 말한 "나는 필요해. 친구가"를 아이들과 동작으로 함께했다.

"동작을 따라 하니 어때?"

고릴라 마음을 느끼게 하고 싶어 질문했다.

"마음이 슬퍼요."

"고릴라와 친구 하고 싶어요."

동물원 사람들이 고릴라 문제를 어떻게 해결할지 물었다.

고양이를 친구로 만들어준다고 한다. 그림책 표지 고릴라 머리 위에 있던 고양이가 떠오른 모양이다.

"맞아. 사람들은 고릴라에게 '예쁜이'라는 작은 고양이를 주었어. 고릴라는 예쁜이가 마음에 들어 어떤 행동을 했을까?"

"잘해줄 것 같아요."

"어떻게 잘해줄 것 같니?"라고 질문하니 "넌 귀여워"라고 한다.

"머리카락을 다 뽑아요."

별이가 장난스럽게 말한다.

"별아~ 친구가 별이 머리카락을 다 뽑으면 어떤 마음이 들까?"

"친구가 나를 미워한다는 마음이 들어요. 아까 말 취소하고 머리 빗어 주는 것으로 바꿀게요."

별이가 자기 말을 수정한다.

마음에 드는 친구에게 어떻게 할지 짝 토의했다.

"나는 장난감으로 같이 놀고, 한 개는 주고 싶어."

"나는 함께 먹고 중간놀이 시간에 같이 놀 거야. 놀면 더 가까워지거든."

짝 발표 후 고릴라 박수를 쳤다.

"놀(무릎치기)짝(내 손뼉 치기)놀짝 놀짝짝 놀짝, 놀놀(오른손 주먹을 쥐고 위 아래로 흔듦)짝짝 놀놀(왼손 주먹을 쥐고 위아래로 흔듦)짝짝 놀(오른손)짝 놀(왼손)짝 놀(오른손)놀(왼손)짝짝."

이번에는 친구끼리 마주 보고 '짝'에 친구와 손뼉 치게 했다.

놀이의 '놀' 대신 웃는 소리 '하'를 넣어 율동했다.

"하짝하짝 하짝짝 하짝, 하하짝짝 하하짝짝 하짝하짝 하하짝짝."

〈킹콩〉 영화를 보다가 고릴라가 화나서 물건 부수는 장면이 나왔다.

"고릴라가 왜 화가 났어?"

"자기 친구 킹콩이 텔레비전 속에서 고통을 당하니까요."

"그래서 어떻게 했어?"

"화가 나서 텔레비전을 부숴버렸어요."

"화가 나 물건을 부수면 되니?"

"아니요. 같이 쓰는 물건은 부수면 안 돼요. 텔레비전을 끄면 돼요."

친구가 힘들 때 어떻게 해야 하는지 모둠끼리 토의했다.

친구를 힘들게 하는 상대에게 화가 나더라도, 욕, 폭력을 사용하면 안 된다고 한다. 그것은 친구를 도와주는 행동이 아니라고 한다.

"친구 옆에 있어 주고 힘든 일에는 같이 슬퍼해요."

"친구가 비를 맞을 때 같이 맞아요."

텔레비전을 부숴 예쁜이와 헤어질 상황에서, 예쁜이는 자신이 텔레비전을 부쉈다고 말한다. 이 말에 동물원 사람들이 웃으며 고릴라에게 한 번 더 기회를 준다. 친구 잘못을 덮어쓴다는 오해가 있을 수 있어, 예쁜이가 고릴라와 함께 있고 싶은 마음이 잘 전달되어 좋은 결과가 나타났다고 말했다.

마지막으로 예쁜이와 고릴라 가위바위보 놀이를 하였다.
"두 사람이 가위바위보를 해서 이긴 사람이 고릴라, 진 사람이 예쁜이가 되는 거야. 손을 잡고 움직이다가 다른 고릴라와 예쁜이를 만나면 가위바위보를 해. 이긴 두 친구는 고릴라가 되고 진 두 친구는 예쁜이 고양이가 돼. 고릴라는 다른 예쁜이 고양이 손을 잡고 계속 놀이를 진행하는 거야."

손을 잡고 고릴라 가위바위보를 하는 아이 미소가 예쁘다. 놀이를 통해 고릴라를 도와준 고양이 사랑이 아이들에게 잘 전달되면 좋겠다. 그 사랑을 가슴에 품으면 친구와 좋은 우정을 만들기 쉽다.

## 아이들과 함께 만들어 가는 그림책 놀이수업 교수 학습안

| 단계 | 그림책 놀이수업 교수·학습 활동 | 질문 | 놀이 |
|---|---|---|---|
| 도입 | ◉ 학습문제 확인<br>**친구가 힘들 때 어떻게 할지 알아보자.** | | 손짓 말하기 놀이 |
| 도입 | ◉ (놀이) 손짓 말하기 놀이하기<br>- 손짓 말하기 놀이를 해보자. | | 손짓 말하기 놀이 |
| 전개 | ◉ (전체 질문)<br>- 고릴라는 왜 슬펐을까?<br>- 동물원 사람의 좋은 생각은 무엇일까? | 왜 슬펐나?<br>좋은 생각? | |
| 전개 | ◉ (짝 질문)<br>- 마음에 드는 친구에게 어떻게 하면 좋을까? | 마음에 드는 친구? | 함께 하는 고릴라 박수 놀이 |
| 전개 | ◉ (놀이) 함께 하는 고릴라 박수 놀이하기<br>- 고릴라 박수 놀이를 해보자. | | 함께 하는 고릴라 박수 놀이 |
| 전개 | ◉ (전체 질문)<br>- 고릴라는 왜 화가 났나? | 왜 화? | |
| 전개 | ◉ (모둠 질문)<br>- 친구가 힘들 때는 어떻게 해야 할까? | 친구가 힘들 때? | 예쁜이와 고릴라 놀이 |
| 전개 | ◉ (놀이) 예쁜이와 고릴라 놀이하기<br>- 예쁜이와 고릴라 놀이를 해보자. | | 예쁜이와 고릴라 놀이 |
| 마무리 | ◉ (질문, 놀이) 본깨적 놀이<br>- 내가 알게 된 것을 본깨적 놀이로 발표해볼까? | 알게 된 점? | 본깨적 놀이 |
| 마무리 | **(손을 잡고) 알궁근적 본깨적!**<br>수업에서 본 것, 깨달은 것, 실천할 부분을 말함 | | |

## 그림책 놀이 방법

### 손짓 말하기 놀이

① 대표로 뽑힌 아이가 문제를 본다.
② 문제에 나온 사물을 손짓으로 표현한다.
③ 아이들이 단어를 맞춘다.
* 호랑이 같은 살아있는 생물 외에 책, 인사, 친구처럼 추상적인 부분도 가능.
  예) 손을 위로 하고, 한쪽 다리를 들고 움직임. 앉아 있는 학생이 타조라고 외침

### 함께 하는 고릴라 박수 놀이

① 고릴라 박수를 함께 한다.
  예) 쿵(무릎치기)짝(내 손뼉치기)쿵짝 쿵짝짝 쿵짝
  쿵쿵(오른손 주먹을 쥐고 위아래로 흔듦)짝짝 쿵쿵(왼손 주먹을 쥐고 위아래로 흔듦)짝짝 쿵(오른손)짝 쿵(왼손)짝 쿵(오른손)쿵(왼손)짝짝."
② "쿵"대신 "놀"이라는 말을 넣어서 다시 율동을 반복한다.
③ 친구와 함께 손뼉 치며 "하"라는 말을 넣어 고릴라 박수 율동을 한다.

### 예쁜이와 고릴라 놀이

① 예쁜이와 고릴라 두 사람이 짝이 된다.
② 다른 팀을 만나 가위바위보를 한다. 이긴 팀은 고릴라가 되고, 진 팀은 예쁜이가 된다.
③ 고릴라는 예쁜이 손을 잡고 다시 가위바위보를 한다.
  예) 이긴 팀은 둘 다 고릴라가 되고, 지면 둘 다 예쁜이 고양이가 되는 거야. 고릴라는 예쁜이와 손을 잡고 놀이를 진행하면 돼.

## 04

# 힘들 때 누구를 의지하나?

## 엄마 까투리

《엄마 까투리》ⓒ 권정생2, 낮은산

《엄마 까투리》는 산불이라는 문제 상황에서 목숨을 던져 자식을 살리는 위대한 엄마 사랑이 그려져 있다. 온몸이 바스러지면서 구하고자 했던 어린 생명을 옆에서 말없이 바라보며 응원하는 박서방 아저씨의 모습도 깊은 여운을 남긴다.

산불이 크게 나자 '엄마 까투리'는 자식과 탈출하려고 한다. 엄마 까투리는 하늘을 날아 살 수 있지만, 자식을 위해 생명을 포기한다. 자식을 품에 안고 불에 타 죽은 엄마 까투리 사랑이 내 마음을 울린다. 생명을 주는 엄마 사랑은 언제나 고귀하다.

《엄마 까투리》를 보며 아낌없이 주는 나무와 소크라테스가 떠올랐다. 자기 몸을 소년에게 주고, 그루터기까지 내주는 사랑이 엄마 까투리와 닮았다. 친구 도움을 받아 감옥으로부터 탈출 기회가 있었으나, 악법도 법임을 증명하기 위해 죽음을 받아들인 소크라테스와 닮았다.

엄마 까투리는 사라졌지만, 자녀를 향한 사랑은 울림과 눈물로 살았다. 지금까지 '어떻게 사느냐'를 두고 고민하지만, 엄마 까투리의 죽음을 보며 '어떻게 죽느냐'를 고민한다.

교사로서 어떤 사랑을 해야 할까? 아이와 관계가 깊게 형성되어 있지 않을 때, 엄마 까투리 같은 사랑은 아이에게 부담으로 다가온다. 처음은 박서방 아저씨 같은 사랑이 필요하다. 박서방 아저씨는 산불이 꺼진 후 사흘이 지나 숯을 구하러 산에 왔다. 그는 엄마 까투리 품으로 들어가고 나오는 꿩 병아리를 말없이 지켜본다. 박서방 아저씨는 시간이 될 때마다 꿩 병아리를 찾아가 죽은 엄마 곁에서 살고 있는 꿩 병아리를 멀리서 바라본다.

때가 되면 조용히 자리를 비켜주며 말없이 응원하는 박서방 아저씨 모습은 교사가 나아가야 할 방향이다. 박서방 아저씨처럼 아이를 관찰하자. 아이가 안전하게 놀고 공부하도록 따뜻한 시선으로 지켜보자. 박서방 아저씨 마음으로 학교 안에서 아이들과 동행한다. 자원하는 아이,

학급 생활이 힘든 아이와 학교동물농장에서 동물을 돌본다. 맨발을 걸으며 아이들과 대화한다. 걷다 보면 아이들 속마음을 알게 되고, 아이는 스스로 살아갈 힘을 키운다. 도움이 필요한 아이들을 만나 아름다운 동행을 한다.

 **수업 속으로**

책에 나오는 아기 까투리가 몇 마리인지 물었다.
"다섯 마리~."
"다섯 마리보다는 많아."
"저요~ 열 마리~."
"열 마리보다는 작아."
"알겠다. 아홉 마리입니다."
"아홉 마리. 정답! 엄마 까투리와 꿩 병아리는 사이가 좋아. 엄마가 사랑해주니 꿩 병아리는 행복하지. 서로 마음도 잘 맞아. 우리 마음 맞추기 놀이할까? 내 손뼉 한 번, 짝과 손뼉 한 번. 내 손뼉 한 번, 짝과 손뼉 두 번, 내 손뼉 한 번 짝과 손뼉 세 번 치면서 아홉 번까지 가볼까? 마음 맞추기 놀이. 시작! 짝(내 손뼉) 짝(상대 손뼉), 짝(내 손뼉) 짝짝(상대 손뼉), 짝(내 손뼉), 짝짝짝(상대 손뼉)……!"

아이들과 박수로 마음을 맞추었다. "꿩 병아리는 처음에 무엇이었을까?" 물으니 알이라 한다. 아이들에게 꿩 병아리가 아빠가 되면 장끼, 엄마가 되면 까투리가 된다고 말했다.

아이들과 알-꿩 병아리-까투리 놀이를 했다.

"알-꿩 병아리-까투리 놀이 한번 해볼까? 알은 알알알알, 꿩 병아리는 삐삐삐삐, 까투리는 깍깍깍깍 소리 내는 거야. 처음에는 모두 알이야. 가위바위보를 이기면 한 단계씩 올라가고, 지면 한 단계씩 내려가. 알에서 이기면 꿩 병아리, 또 이기면 까투리가 돼. 까투리가 되면 의자에 앉아 있는 선생님과 가위바위보를 해. 이기면 의자에 앉고, 지면 알이 되어 다시 가위바위보. 알겠지. 놀이 시작!"

산불로 새들이 울부짖으며 쫓겨 가는 부분에서 질문했다.
"새들은 날 수 있는데 왜 울부짖으며 쫓겨 갈까?"
"새들이 사는 숲이 타서 그렇지요. 나무 둥지가 사라지니까 울어요."
엄마 까투리 한 마리와 갓 태어난 꿩 병아리 아홉 마리가 불길을 피해 허둥지둥 쫓겨 다니는 모습을 보자 아이들이 안타까워한다.
상수리나무가 있는 왼쪽, 오리나무가 서 있는 오른쪽도 불길이 막아 버린 위기상황이다. 위쪽, 아래쪽 나무를 상상해, 위쪽은 소나무, 아래쪽은 참나무를 선정했다.

불길 가운데 두 날개를 펼친 엄마 까투리 장면이 나온다. 엄마가 새끼에게 해줄 수 있는 마지막 사랑 앞에서 모서리 놀이를 했다. 평소 모서리 놀이는 신 나지만 산불 장면을 설정한 모서리 놀이는 슬프다. 선생님은 엄마 까투리, 아이들은 꿩 병아리가 되어 놀이가 진행되었다. 그림책에 감정이입을 하다 보니 아이들 표정이 제법 심각하다.
교실 네 모서리에 상수리나무, 오리나무, 소나무, 참나무가 있다고 했다. 교사가 말하는 부분은 산불이 나서 갈 수 없기에 엄마 까투리가 있는(선생님이 있는) 중앙으로 모이라고 했다.

"상수리나무에 불이 붙었습니다(상수리나무에 간 아이들이 삐삐삐삐 소리를 내며 교실 중앙으로 온다. 이제 상수리나무 쪽으로는 가지 못한다). 오리나무에도 불이 붙었습니다. 소나무에도 불이 붙었습니다. 참나무에도 불이 붙었습니다. 꿩 병아리들은 불을 피해 엄마에게 달려왔습니다."

아이들이 불을 피해 중앙에 다 모였다. 그림책을 계속 읽었다. 새끼들을 날개 밑에 꼬옥 보듬어 안은 채 꼼짝 않고 죽어가는 엄마 까투리 부분을 읽었다. 아이 몇 명이 훌쩍거리며 운다. 내 눈에도 눈물이 흐른다. 이럴 때는 놀이도 질문도 필요 없다. 몰입을 깨지 않도록 그림책을 끝까지 다 읽었다.

"아~ 슬퍼." 곳곳에서 훌쩍인다.

엄마 까투리에 대해 아이들과 이야기를 나누었다.

"엄마 까투리는 왜 날아가지 않았지?"

"산불이 났잖아요. 새끼들을 보호하려고요."

"왜 보호하려고 했을까?"

"새끼들이 타 죽으면 안 돼요. 그래서 엄마가 목숨을 걸고 보호해요."

자식이 죽으면 엄마가 살아도 죽은 거라는 말도 나온다.

힘들고 어려울 때 나는 누구를 의지하는지 짝끼리 말하게 했다. 엄마가 가장 많이 나온다. 엄마가 없는 아이가 있어 가족으로 바꾸어 질문했다.

"가족에게 엄마 까투리와 같은 사랑을 언제 느꼈니?"

모둠토의를 계획했지만 우는 아이들이 많아 전체에게 질문했다.

"엄마가 안아줄 때 사랑을 느꼈어요."

"놀러 온 친구에게 할머니가 잘해줄 때 느꼈어요."

"우리 엄마는 공부만 하라고 해요. 텔레비전도 수요일만 볼 수 있어요."

엄마가 나를 사랑해주지 않는다고 한 아이가 말한다.

"너무 공부만 하라고 해서 힘들구나. 엄마는 왜 공부하라고 할까?"

"몰라요."

"공부하면 좋은 점이 있니?"

"머리가 좋아져요."

"머리가 좋아지면 좋은 점은 뭘까?"

"할 일을 쉽게 해요. 아~ 공부하라는 것도 엄마 사랑이네요."

짧은 대화로 엄마 사랑을 조금이나마 느낀 아이에게 고마웠다. 아이가 엄마를 조금이라도 이해한다면 이 수업은 잘 된 것이다. "공부하라" 잔소리하는 엄마도 산불 같은 위기 상황이 오면 나를 살릴 거란 믿음이 아이에게 전해지길 바랐다. '내가 엄마 까투리였다면?' 날아가지 않고 자녀를 구할 거라고 말하는 아이들을 보며 마음이 잘 전달된 것 같아 기뻤다.

꿩 병아리를 말없이 지켜본 박서방 아저씨처럼 선생님도 도와주겠다고 했다. 이후 《이호철의 갈래별 글쓰기 교육》에 나오는 개구리라는 시를 읽었다. 차에 치여 죽은 개구리 배에서 튀어 나온 알을 논에 넣어주는 아이 마음으로 살자고 했다.

## 아이들과 함께 만들어 가는 그림책 놀이수업 교수 학습안

| 단계 | 그림책 놀이수업 교수·학습 활동 | 질문 | 놀이 |
|---|---|---|---|
| 도입 | ◉ **학습문제 확인**<br>엄마 까투리 사랑과 힘들 때 의지하는 대상을 알아보자.<br><br>◉ **(놀이) 업다운 마음 맞추기 놀이하기**<br>- 업다운 놀이를 해보자.<br>- 마음 맞추기 놀이를 해보자. |  | 업다운 마음 맞추기 놀이 |
| 전개 | ◉ **(놀이) 단계 사랑 가위바위보 놀이하기**<br>- 단계 사랑 가위바위보 놀이를 해보자.<br>◉ **(전체 질문)**<br>- 새들은 날 수 있는데 왜 울부짖으며 쫓겨 갈까?<br>◉ **(놀이) 모서리 놀이하기**<br>- 모서리 놀이를 해보자.<br>◉ **(전체 질문)**<br>- 엄마 까투리는 왜 날아가지 않았나?<br>◉ **(짝 질문)**<br>- 힘들 때 나는 누구를 의지하나?<br>◉ **(전체 질문)**<br>- 엄마 까투리와 같은 사랑을 느낀 기억은?<br>- 내가 엄마 까투리였다면? | 왜 쫓겨 갈까?<br><br>왜 그대로?<br><br>누구 의지?<br><br>사랑 언제?<br>내가 엄마? | 단계 사랑 가위바위보 놀이<br><br>모서리 놀이 |
| 마무리 | ◉ **(질문, 놀이) 본깨적 놀이**<br>- 내가 알게 된 것을 본깨적 놀이로 발표해볼까?<br><br>**(손을 잡고)** 알궁근적 본깨적!<br>수업에서 본 것, 깨달은 것, 실천할 부분을 말함 | 알게 된 점? | 본깨적 놀이 |

## 그림책 놀이 방법

### 업다운 마음 맞추기 놀이

① 엄마 까투리에 나오는 꿩병아리 수를 생각한다.
② 아이들이 숫자를 말한다. 아이들이 말한 숫자가 크면 "다운", 작으면 "업"이라고 말한다.
③ 아이들이 꿩병아리 수를 맞춘다.
④ 꿩병아리 수만큼 짝과 손뼉 친다. 짝과 손뼉 칠 때 "삐"라고 말한다.
예) 짝- 짝과 손뼉 하나(삐), 짝- 짝과 손뼉 둘(삐삐)… 아홉까지 진행. 모둠 진행 가능

### 단계 사랑 가위바위보 놀이

① 알-꿩병아리-엄마 까투리-대장 까투리로 단계를 나눈다.
② 알에서 시작해 가위바위보를 이기면 꿩병아리, 엄마 까투리로 올라간다. 지면 한 단계 내려간다.
③ 엄마 까투리가 되면 의자에 있는 대장 까투리와 가위바위보를 한다. 이기면 대장 까투리, 지면 알이 된다.
④ "사랑"이라고 하면 모두 엄마 까투리가 되어 자기 자리에 앉는다

### 모서리 놀이

① 각각 모서리에 이름을 정한다
　(왼쪽 상수리나무, 오른쪽 오리나무 등).
② "산불이야"라는 소리에 꿩병아리 학생들이 4개 장소 중 한군데로 피한다.
③ 피한 나무 이름이 불리면 중앙 엄마 까투리 있는 곳으로 모인다.
④ 모인 상태에서 상황에 맞는 그림책 장면을 읽는다.

# 사랑은 무엇인가?

### 언제까지나 너를 사랑해

《언제까지나 너를 사랑해》ⓒ 로버트 먼치, 북뱅크

《언제까지나 너를 사랑해》는 아들이 말썽 피우며 힘들게 하는 날에도, 밤이면 자장가를 불러주는 어머니의 따뜻한 사랑을 그린 책이다. 어머니의 자장가는 어떤 가르침보다 강력해 아이를 훌륭하게 자라게 한다.

그림책 속 어머니는 자녀가 저지르는 장난 때문에 동물원에 팔아버리고 싶을 정도로 스트레스를 받는다. 이 순간 어머니와 자녀 사이에 갈등이 생긴다. 다행히 《언제까지나 너를 사랑해》에 나오는 어머니는 좋은 습관이 있다. 자녀와 하루 동안 전쟁을 치루어도, 밤이 되면 자녀에게 자장가를 부른다. 이 습관은 자녀와 갈등을 해소하고 사랑으로 연결하는 역할을 했다. 어떤 문제 상황에도 변함없던 어머니 자장가는 아들에게 안식처 역할을 했다.

그림책에 나오는 아들은 어머니 사랑을 받으며 자유롭게 자란다. 어머니는 사회가 허용하는 울타리 안에서 아들이 하고 싶은 일을 하도록 돕는다. 자녀는 성인이 되어 어머니에게 독립하고 결혼한다.
시간이 흘러 노쇠해진 어머니는 자장가를 부를 힘조차 없다. 그때 성인이 된 자녀가 자장가를 불러준다. 연어가 물살을 거슬러 태어난 곳으로 돌아오듯 자녀에게 들려주던 자장가는 어머니께 돌아간다. 또 자장가는 아들의 자녀에게 흘러간다.
《언제까지나 너를 사랑해》는 로버트 먼치의 작품이다. 그림책 속 자장가는 세상에 태어나기 전 죽은 로버트 먼치의 두 자녀를 위한 노래이다. 세상에 빛도 보지 못한 아이를 생각하며 부른 자장가 덕분에 로버트 먼치는 자녀 잃은 아픔을 이겼다.

《갈매기에게 나는 법을 가르쳐준 고양이》에 나오는 갈매기 켕가는 기름에 몸이 뒤덮여 죽어가는 상황에서 자신이 낳을 알을 지킨다. 그녀는 고양이 소르바스에게 알을 먹지 말고 보호하고, 태어날 갈매기에게 나는 법을 알려 달라고 부탁한 후 죽는다. 검은 고양이 소르바스는 엄마 대신 알을 품어 새끼 갈매기를 태어나게 한다. 이후 새끼 갈매기에게 '아포르투나다(행운아)'라는 이름을 지어 주고 자녀로 받아들인다. 주변 친구의 도움을 받아 아포르투나다를 날게 한다.

학교에서 교사는 검은 고양이 소르바스처럼 부모를 대신해 사랑을 주는 존재다. 힘들고 어려운 삶을 살아가는 제자가 행운아가 되도록 돕는 버팀목이다.

문제아라는 꼬리표를 달고 온 별이가 친구와 심하게 싸운다. 이유를 물어보는 나에게 가시를 세운다. 조용히 자기 이야기를 할 수 있는 분위기를 만들자 아이가 운다. 아이의 폭력성 앞에 가정 문제가 나타나면 마음이 아프다.

상처 입어 잔뜩 웅크린 고슴도치 같은 아이를 보며 그림책 속 엄마의 자장가를 떠올렸다. 아이가 가진 아픔을 치유하려면 사랑의 자장가가 필요하다. 아이 마음에 자장가가 가득 채워지면, 마음의 안정이 기적처럼 찾아올 것이다. 친구와 좋은 관계는 덤으로 만들어진다.

 ## 수업 속으로

엄마란 글자를 미숙이만 보지 않은 상태다. 아이들이 미숙이에게 질문한다.

"미숙이를 좋아합니까?"

"예."

"가족입니까?"

"아니요."

"에~에~." 아이들이 소리로 틀렸다는 신호를 보낸다.

"아빠의 반대입니까?" 질문 속에 힌트가 너무 많이 들어 있다. 미숙이 눈이 반짝인다.

"아~ 정답은 엄마입니다."

미숙이가 정답을 맞춘다.

《언제까지나 너를 사랑해》를 아이들과 읽었다. 집을 엉망으로 만드는 두 살 때 이야기를 들으며 필준이가 말한다.

"선생님, 이 그림책은 병 주고 약 주는 것 같아요."

"왜 그렇게 생각해?"

"아기가 변기에 엄마 시계도 빠트리고, 책장도 다 뒤져 엄마가 힘들어 하다가, 아기가 자니 사랑한다고 하니까요."

"미쳐버리겠다고 하지만 정말 아기를 사랑하는 것 같아요."
나라가 보이지 않는 엄마 마음을 말한다.
어머니는 날마다 자녀에게 자장가를 불러준다. 버릇이 너무 없어 동물원에 팔아버리고 싶은 아홉 살 밤에도 마찬가지다.

너를 사랑해 언제까지나 너를 사랑해 어떤 일이 닥쳐도
내가 살아 있는 한 너는 늘 나의 귀여운 아기

"선생님 자장가가 시 같아요."
"맞아. 노래가 시고, 시가 노래이기도 해."

기타를 치며 아이들에게 자장가를 불러주었다.
"너를 사랑해 언제까지나. 너를 사랑해 어떤 일이 닥쳐도.
내가 살아 있는 한. 너는 늘 나의 귀여운 아기."
뒤이어 자장가를 함께 부른 후, 가사를 바꾸어 아이에게 내 마음을 전달했다.
"나는 너를 사랑해. 나는 너를 사랑해. 나는 너를 사랑해. 말도 못하게 사랑해. 선생님은 여러분을 사랑해. 선생님은 여러분을 사랑해. 선생님은 여러분을 사랑해. 말도 못하게 사랑해."
"우리도 선생님에게 노래 불러 드리고 싶어요."
아이들이 선생님을 넣어서 불러준다.
"우리들은 선생님을 사랑해~ 우리들은 선생님을 사랑해. 우리들은 선생님을 사랑해. 말도 못하게 사랑해."

자녀 때문에 미쳐 버릴 것 같은 날에도 엄마는 왜 자장가를 불러주는지 물었다. 엄마가 자녀를 사랑하는 마음이 항상 있기 때문이라고 한다. "어머니가 힘이 없어 노래를 부르지 못할 때는 어떻게 될까?" 아이들에게 질문했다. 아들이 자장가를 불러준다는 말이 나온다. 아들도 어머니를 사랑하기 때문에 그럴 것 같다고 한다. 책을 읽으니 아들이 어머니에게 노래 부르는 따뜻한 장면이 나온다.

내 어머니가 연세가 많으셔서 노래 불러줄 힘이 없다면 마음이 어떨지 짝끼리 토의했다. 속상함, 걱정, 슬프다는 이야기가 나온다. 엄마와 헤어질 수 있기 때문이라고 한다.

아이 감정을 읽어 주고, '엄마 사랑해' 놀이를 했다.
"술래가 잡으려 하면 하트를 그리면서 '엄마 사랑해'라고 외치면 돼. 그러면 얼음처럼 자리에 멈춰야 해. 친구가 '사랑해'라고 말하며 얼음 된 친구 손을 내리면 다시 움직일 수 있어. 엄마 사랑해 놀이 시작!"

놀이 후 아이들이 생각하는 사랑에 대해 모둠끼리 토의했다.
"사랑은 누구를 도와주는 소중한 거예요."
푸른 하늘 은하수 노래 율동을 마치고 아이가 말한다.
"친구들이랑 이렇게 어울리는 것이 사랑이에요."
"사람과 사람, 사물, 동물을 소중히 여기는 것이에요."
"엄마가 보살펴주는 것이 사랑이에요."
엄마 이야기가 나와 꼬리를 잡아 질문했다.
"엄마 보살핌을 느낀 기억이 있니?"

"엄마와 싸웠을 때 엄마가 '미안해'라고 먼저 사과할 때 보살핌을 느꼈어요."

"엄마랑 싸웠는데 엄마가 아이스크림을 사 주었어요."

"엄마가 디스크 수술을 받았는데, 엄마를 안 챙기고 저를 챙겨 주었을 때요."

"제가 독감 걸렸을 때 밥을 챙겨 주셔서 감사해요."

"언제 학교 가는 길에 엄마랑 싸웠는데 엄마가 '카톡으로 화내서 미안해'라고 말했어요." 주희가 말을 하며 울먹인다.

"엄마에 대한 사랑은 우리 마음속에 늘 있어. 오늘 집에 가면 부모님에게 사랑한다는 말을 꼭 해주는 여러분이 되면 좋겠어."

"선생님, 오늘 감동이에요."

엄마와 사는 미진이가 엄마에게 고맙고, 잘못한 것이 있어 미안하다고 운다. 순간 교실 전체가 엄마 생각으로 울음바다가 되었다. 울음 속 빛나는 보물이 예쁘게 자라기를 바라며 수업을 연장해 아이 마음을 어루만졌다. 연민의 마음으로 아이들을 오롯이 바라보는 이 순간이 소중하다.

## 아이들과 함께 만들어 가는 그림책 놀이수업 교수 학습안

| 단계 | 그림책 놀이수업 교수·학습 활동 | 질문 | 놀이 |
|---|---|---|---|
| 도입 | ⊙ 학습문제 확인<br>**사랑이 무엇인지 알아보자.**<br>⊙ (놀이) 사람 사물 맞히기 놀이하기<br>- 사람 사물 맞히기 놀이를 해보자. | | 사람 사물 맞히기 놀이 |
| 전개 | ⊙ (놀이) 자장가 놀이하기<br>- 자장가 노래 율동 놀이를 해보자.<br>⊙ (전체 질문)<br>- 엄마는 왜 밤에 자장가를 불러줄까?<br>⊙ (짝 질문)<br>- 어머니가 나이 들어 노래를 부를 수 없을 때 어떻게 할까?<br>- 그 때 내 마음은?<br>⊙ (놀이) 엄마 사랑해 놀이하기<br>- 엄마 사랑해 놀이를 해보자.<br>⊙ (모둠 질문)<br>- 사랑은 무엇인가?<br>⊙ (전체 질문)<br>- 가족(엄마)에게 보살핌을 받은 경험은? | 밤 자장가?<br><br>노래?<br>내 마음?<br><br><br>사랑은?<br><br>보살핌 경험? | 자장가 노래 율동놀이<br><br><br><br><br>엄마 사랑해 놀이 |
| 마무리 | ⊙ (질문, 놀이) 본깨적 놀이<br>- 내가 알게 된 것을 본깨적 놀이로 발표해볼까?<br>**(손을 잡고) 알궁근적 본깨적!**<br>수업에서 본 것, 깨달은 것, 실천할 부분을 말함 | 알게 된 점? | 본깨적 놀이 |

## 그림책 놀이 방법

### 사람 사물 맞히기 놀이

① 선생님이 단어를 종이에 적는다.
② 술래를 제외한 아이들이 단어를 본 후 술래에게 질문한다.
③ 술래는 아이들 질문에 답을 하는 과정에서 정답을 알아낸다.
　예) 당신을 좋아합니까? 예!
　　　가족입니까? 아니오
　　　(아이들 웃음소리에 가족과 관련됨을 술래가 안다.)

### 자장가 노래 율동 놀이

① 아이들에게 노래 의미를 설명한다.
② 아이들에게 '너를 사랑해 언제까지나' 노래를 불러준다.
③ 아이들에게 '나는 너를 사랑해' 노래를 불러준다.
　너를 사랑해 언제까지나 (나는 너를 사랑해)
　너를 사랑해 어떤 일이 닥쳐도 (나는 너를 사랑해)
　내가 살아 있는 한 (나는 너를 사랑해)
　너는 늘 나의 귀여운 아기 (말도 못하게 사랑해)

### 엄마 사랑해 놀이

① 술래를 정한다.
② 술래가 잡으려고 할 때 하트를 그리며 "엄마 사랑해"를 외치면 얼음이 된다.
③ 친구가 "사랑해"라고 말하면서 얼음이 된 친구 손을 내리면 다시 움직일 수 있다.

## 06

# 나와 다른 친구를 어떻게 대할까?

## 까마귀 소년

《까마귀 소년》ⓒ 야시마 타로, 비룡소

　《까마귀 소년》은 친구들로부터 따돌림 받던 소년이 자연을 친구 삼은 채 살다가, 새로 부임한 이소베 선생님의 관심과 도움으로 존재를 인정받는 이야기다. 그림책을 쓴 야시마 타로는 일본 제국주의 전쟁을 반대하다가 감옥에 간 평화주의자다. 그는 고국의 비난과 감시를 받다가 미국으로 망명한다. 야시마 타로에게서 외톨이 신세였던 까마귀 소년의 모습이 보인다.

까마귀 소년은 산골에 살다가 초등학교에 입학했다. 학교라는 공간이 낯설었던지 선생님과 아이들을 무서워한다. 그는 6학년이 되어서도 땅꼬마라고 놀림 받는다. 까마귀 소년은 친구 없이 외롭던 어려움을 어떻게 견뎠을까 생각했다.

첫째, 걷기다. 까마귀 소년은 학교와 집으로 오가는 먼 길을 날마다 타박타박 걸었다. 비가 오고 눈이 와도, 친구가 바보, 땅꼬마라 놀려도 걸었다. 포기를 모르고 걷다 보니 혼자 6년 개근상을 받았다.

길을 걷다 보면 잡념이 사라지고, 새롭게 시작하고 싶은 마음이 생긴다. 지친 마음은 사라지고, 비워진 자리는 감사가 채운다. 아이 상담을 운동장을 돌며 할 때가 있다. 함께 걷다 보면 문제 행동에 대한 원인이 나오고, 아이 삶이 보인다. 지지받는 환경에서 자기를 정확히 바라보는 순간 아이는 행동을 반성한다. 잘못한 아이에게 진심 어린 사과를 하고, 새롭게 출발할 힘을 얻는다.

둘째, 까마귀 소년은 자연을 품었다. 꽃 이름을 말하고, 까마귀 울음소리를 흉내 내면서 자연과 친구가 되었다. 소년은 자연에 안겨서 힘든 짐을 하나씩 풀어놓았다. 소년은 자연을 품었고, 자연도 소년을 품었다.

셋째, 까마귀 소년은 자유로웠다. 기시미 이치로는 《미움 받을 용기》에서 자유란 타인에게 미움 받는 것이라 하였다. 땅꼬마라 불린 소년은 타인에게 미움 받는 것을 두려워하지 않았다. 그는 타인 시선에서 자유로웠으며, 심심할 때는 학교에서 혼자 놀이를 했다.

넷째, 이소베 선생님이 계셨다. 뒷산 식물의 위치와 꽃 이름을 잘 아는 까마귀 소년을 이소베 선생님은 한 번에 알아본다. 이소베 선생님은 학예회에서 땅꼬마가 까마귀 울음소리를 발표하게 했다. 이소베 선생님이 6년 동안 따박따박 걸어왔던 까마귀 소년의 이야기를 하자 아이들은 미안함의 눈물, 어른들은 대견함의 눈물을 흘렸다.

소년은 예전 그대로지만 보는 시선이 달라지자 그 자체로 빛이 난다. 땅꼬마에서 까마귀 소년으로 불린다. 우리도 까마귀 소년처럼 감추어진 재능을 가지고 있다. 각자 재능을 살리면 행복한 삶을 살게 된다. 이소베 선생님의 사랑과 관심이 까마귀 소년을 따뜻한 세상으로 나오게 했다.

아동 중심 교육을 통해 아이들이 꿈을 이루고, 나눔을 실천하는 리더가 되도록 돕겠다. 이소베 선생님 마음으로 아이들을 교육할 때 상상은 현실이 된다.

 **수업 속으로**

"왜 제목이 《까마귀 소년》일까?" 질문을 던졌다. 까마귀가 소년이 되었다는 말, 피부가 까맣기 때문이라는 말이 나온다. 그림책을 읽으며 찾아보자고 했다. 땅꼬마로 불리며 따돌림 당하는 소년이 나온다. 혼자 있는 시간이 많은 땅꼬마가 어떤 놀이를 하는지 살펴보았다.

"몇 시간 천장 보기, 책상 나뭇결 보기, 동무 옷, 창밖 보기, 눈감고 소리 듣기, 눈뜨고 소리 듣기가 있습니다."

우리도 심심할 때 하는 놀이가 뭔지 질문했다.
"숨바꼭질을 많이 해요."
"교실에서 숨바꼭질을 하려면 어떻게 해야 할까?"
"숨을 곳을 많이 만들어야 해요."
"교실에 숨을 곳이 많이 없으면 어떻게 해?"
"눈을 감고 해요."
"그럼 눈감술 한번 해볼까?"
한번 숨으면 움직이지 않는다고 약속하고 눈을 감고 술래잡기를 하였다.

이후 땅꼬마가 했던 눈뜨고 소리 듣기 놀이, 눈감고 소리 듣기를 하였다.

"이것은 쥐, 이것은 고양이, 이것은 개, 이것은 여우, 이것은 까마귀야 (엄지손가락부터 순서대로 새끼손가락까지 가리키며)."

가운뎃손가락을 가리키며 "이것은 뭐지?"라고 하니 "개"라고 한다. "쥐"라고 하니 아이들이 혼란에 빠진다. 엄지손가락을 가리키며 "이것은 뭘까?"라고 하니 "쥐"라고 한다. "까마귀"라고 하니 아이들이 "왜요?" 반문한다.

"이것은 뭐고~~?" "고"를 길게 말하니 "고양이!"라고 말하는 아이가 생긴다.

"이것은 뭐 개~~~?"

개를 길게 빼자 아이들이 "개"라고 외친다.

"아 쌤!" 하는 아이 소리도 들린다. 이제 알겠다는 말이다.

"이것은 뭘까?"

"까마귀!"

"이것은 뭐여~~?"

"여우!"

이제 잘 맞춘다.

눈 감고 30초 시간을 주고 바깥에서 나는 소리 5개를 찾으라고 했다.

'아이들 웃는 소리, 금붕어 물소리, 운동장 소리, 숨 쉬는 소리, 선풍기 소리' 등 다양한 소리가 나온다. 영준이가 눈감고 집중하니 평소 듣지 못하던 소리가 들려 신기하다고 한다.

바보 멍청이라 불리면서도 매일 학교에 오는 땅꼬마에 대해 질문했다.

"나와 다르면 바보 멍청이라 해도 되니?"
"그러면 안 돼요. 제가 저런 소리를 들으면 학교에 가지 않을 것 같아요."
"땅꼬마는 힘들어도 포기하지 않고 간 것이 대단해요."
전근 오신 이소베 선생님은 꽃밭을 만든다. 이때 꽃을 죄다 아는 땅꼬마를 보고 놀란다. 땅꼬마를 향한 이소베 선생님의 사랑이 땅꼬마가 가진 능력을 세상 밖으로 꺼낸다.
"민서야, 이소베 선생님에 대해 어떻게 생각하니?"
"수석선생님 같아요. 우리 말을 잘 들어주고 사랑이 넘치잖아요."
"친구들이 이상하다고 생각하는 부분을 장점으로 봐주는 것도 많이 닮았어요."
아이들에게 수업 속 진심이 잘 전달된 것 같아 고마웠다.

아이들 장점을 나누었다.
"다른 사람이 우리를 아무것도 아니라고 말해도 여러분 모두 장점이 있어. 그 장점에 집중해보자. 지금부터 장점 찾는 놀이를 해볼게."
나너장점에 맞추어서 놀이를 시범 보였다.
"나너장점 나너장점."
"대영이는 리더십이 뛰어나."
"선생님은 긍정적이세요."
"대영이는 리더십이 뛰어나고 늘 웃음이 얼굴에 있어."
"선생님은 긍정적이고 놀이를 잘하세요."
교실에서 움직이며 나와 친구 장점을 생각하는 시간을 가졌다. 장점 찾기 놀이를 통해 친구들을 잘 관찰했다.

학예회 때 땅꼬마가 여러 종류의 까마귀 소리를 발표한 후, 이소베 선생님이 땅꼬마 이야기를 하자 학생과 어른들이 운다. 지저분하다 했던 어른이 "장하다"라고 하고 괴롭히던 아이들이 왜 울었는지 짝과 토의했다.

"땅꼬마의 삶에 감동 받았고, 괴롭힌 것이 미안해서 그래요."
"아이가 6년간 힘들게 걸어온 길이 떠올랐기 때문이에요."

땅꼬마를 놀린 미안함과 땅꼬마의 성실한 삶이 감동을 만든다. 땅꼬마라는 별명 대신 "안녕 까마동이!"라고 인사받는다.

혼자서 6년 개근상을 받은 까마귀 소년 이야기를 읽고 끝까지 노력해 달성한 것을 모둠끼리 나누었다. 농구, 축구, 야구 등 운동을 해서 잘하게 된 것과 어려웠던 영어 단어, 숙제를 끝까지 한 이야기가 나온다. 그림책 속 중요 부분을 찾아, 깨달은 점이나 실천할 부분을 글로 표현해 보았다. 글을 쓰는 과정에서 까마귀 소년의 아픔과 외로움을 느끼는 아이들이 생긴다. 그림책이 놀이, 질문, 글쓰기로 아이 삶과 만나는 보석 같은 순간이다.

## 아이들과 함께 만들어 가는 그림책 놀이수업 교수 학습안

| 단계 | 그림책 놀이수업 교수·학습 활동 | 질문 | 놀이 |
|---|---|---|---|
| 도입 | ◉ **학습문제 확인**<br>**까마귀 소년과 친구 장점을 알아보자.**<br>◉ **(전체 질문)**<br>- 왜 제목이 까마귀 소년일까?<br>◉ **(놀이) 눈감술 놀이하기**<br>- 눈감술 놀이를 해보자. | 왜 까마귀 소년? | 눈감술 놀이 |
| 전개 | ◉ **(전체 질문)**<br>- 심심할 때 하는 놀이는?<br>◉ **(놀이) 눈뜨고, 눈감고 소리 놀이**<br>- 눈뜨감 소리 놀이를 해보자.<br>◉ **(전체 질문)**<br>- 나와 다르면 바보 멍청이라 해도 되나?<br>- 이소베 선생님은 어떤 분이신가?<br>◉ **(놀이) 나너장점 놀이하기**<br>- 나너장점 놀이를 해보자.<br>◉ **(짝 질문)**<br>- 어른이 "장하다" 말하고 아이들이 운 이유는?<br>◉ **(모둠 질문)**<br>- 포기하고 싶었지만 끝까지 한 것은? | 심심 놀이?<br><br>다르면?<br>이소베?<br><br>운 이유?<br><br>끝까지 한 것? | 눈뜨감 소리놀이<br><br>나너장점 놀이 |
| 마무리 | ◉ **(질문, 놀이) 본깨적 놀이**<br>- 내가 알게 된 것을 본깨적 놀이로 발표해볼까?<br>**(손을 잡고) 알궁근적 본깨적!**<br>수업에서 본 것, 깨달은 것, 실천할 부분을 말함 | 알게 된 점? | 본깨적 놀이 |

## 그림책 놀이 방법

### 눈감술 놀이

① 술래가 눈을 감으면 친구들은 교실에 숨는다.
② 한번 숨은 친구는 자리에서 움직이지 못한다.
③ 술래가 눈을 감은 채 걸으면서 친구들을 찾는다.

### 눈뜨고, 눈감고 소리 놀이

① 소리에 집중해 힌트를 얻어 문제를 맞춘다.
  예) 새끼손가락을 가리키며 이것은
     뭐 개~~~!
     마지막 개를 말하기 때문에 정답은 개다.
② 눈을 감고 바깥 소리에 집중한다.
③ 일정 시간이 지나면 눈을 뜨고 바깥 소리 5개를 맞춘다.

### 나너장점 놀이

① 상대방이 가진 장점을 찾는다.
② 나너장점 나너장점 이후 장점을 말한다.
③ 장점을 연결해서 칭찬한다.
  예) "나너장점 나너장점."
     "대영이는 운동을 잘해."
     "선생님은 수업이 재미있어요."
     "대영이는 운동을 잘하고 유머가 있어."
     "선생님은 수업이 재미있고, 사랑이 많으세요."

# 나에게 힘을 주신 분은?
## 고맙습니다 선생님

《고맙습니다 선생님》 ⓒ 패트리샤 폴라코, 아이세움

 《고맙습니다 선생님》은 글 읽기가 어려웠던 어린 소녀 트리샤가 폴커 선생님 도움으로 책을 읽게 되고, 그림책 작가가 되는 이야기다. 이 그림책은 '패트리샤 폴라코'가 자기 경험을 토대로 만들었다.
 그림에 재능 있는 트리샤는 글 읽기와 셈하기를 못한다. 전학 간 학교에서는 벙어리라 놀림 받는 최악의 상황을 맞는다. 내리막길이 있으면 오르막길이 있다. 트리샤는 폴커 선생님을 만나 새로운 기회를 잡는다. 그런데 폴커 선생님이 트리샤에게 잘해줄수록 에릭의 괴롭히기는 심해진다. 트리샤처럼 부당한 대우를 당하면 어떻게 해야 할까? "네가 벙어리라 놀리니 속상해. 사과하면 좋겠어"라고 말해야 한다. 하지만 트리샤는 쉬는 시간 에릭을 피해 숨는 방법을 택한다.

에릭은 계단 아래 빈 공간에 숨어 있는 트리샤를 멍청이, 못난이라 부른다. 트리샤를 놀리던 에릭을 발견한 폴커 선생님은 문제를 지혜롭게 해결한다. 이후 폴커 선생님은 트리샤가 글을 읽도록 돕는다. 트리샤를 위한 개인 수업 시간과 맞춤형 지도법을 만들었다. 칠판 스펀지 글자 쓰기, 스펀지로 커다란 원 그리기, 나무 블록으로 낱말 만들기 등을 하면서 트리샤에게 용기를 준다.

벌이 꽃을 찾아 꿀을 얻는 것처럼 책 속 지식을 찾아 기쁨을 경험한 트리샤의 남은 나날은 모험과 발견의 시간이었다. 트리샤는 자신과 학교를 사랑하는 법을 배웠다. 30년 뒤 자기 인생을 변화시켜준 폴커 선생님을 만나 고마움을 전하는 행운도 얻었다.

신규 교사 시절 3학년 담임을 할 때였다. 학부모님으로부터 폴커 선생님을 닮았다는 과분한 이야기를 들었다. 1년 동안 아이도, 나와 학부모도 행복한 시간이었다. 학교를 떠날 때 아이들이 쓴 편지를 책처럼 묶어 선물로 받았다. 책과 같은 표지에는 폴커 선생님이 그려져 있었다. 교실 뒤쪽에는 많은 학부모님께서 방문하셔서 헤어짐을 슬퍼했다. 케이크 촛불을 끌 때, 교실 구석구석 훌쩍이는 소리가 들렸다. 이듬해 4학년이 된 아이들은 일곱 반 중 여섯 반에서 회장, 모든 반에서 부회장이 나왔다.

교사의 믿음은 어떤 힘이 있나? 폴카 선생님의 믿음은 트리샤가 글을 읽고 그림책 작가로 깨어나게 했다. 믿음은 풀리지 않는 문제를 해결하는 힘이 있다. 어머니 믿음 덕분에 에디슨은 2,000번 이상 실패했지만 계속 도전해 전구를 발명했다. 성공한 사람에게는 누군가 끝까지 믿어주는 사람이 있었다는 공통점이 있다.

폴커 선생님께 사랑을 받은 트리샤 역시 그림책을 통해 우리 인생을 따뜻하게 만든다. 사랑은 세대를 이어서 흘러간다. 힘든 순간 힘을 주신 분들을 떠올리며, 내가 가진 사랑을 아이들에게 흘려보낸다. 30년 뒤 우연히 만난 제자가 "고맙습니다 선생님"이라고 말하면, 그것으로 만족한다.

 ## 수업 속으로

책 표지에 얹은 꿀을 할아버지가 일곱 살 소녀 손가락에 찍은 후 먹게 한다. 할아버지가 왜 그렇게 하는지 물었다.
"책이 달콤하다는 것을 알려준 거예요."
"너희도 책이 달콤하다는 것을 느끼니?"
"예전에는 몰랐는데 수석선생님과 그림책 수업을 하면서 느껴요."
아이 말에 힘을 얻는 순간이다.
트리샤가 학교에서 친구와 다르다는 느낌이 든 이유를 물었다. 친구들이 아는 글을 혼자 읽지 못하기 때문이라고 한다.
"트리샤의 고민에 할머니는 어떻게 말했니?"
"다르기 때문에 인생이 경이롭다고 했어요. 숲의 개똥벌레도 다 다르다고 말했어요."

우리 모두는 다르기에 특별하다고 말한 후 아이들과 〈개똥벌레〉 노래를 불렀다. '가지 마라' 외치는 개똥벌레를 통해 트리샤의 아픔이 느껴진다.

학교에서 책 읽기, 더하기를 하지 못하는 트리샤 마음을 물었다. 학교 오기 싫어 배가 아플 거라고 준희가 말한다. 수학 쪽지 시험 치는 날 배가 아프다고 늦게 온 준희 마음을 그림책을 통해 읽는다.

'그러던 어느 날'이라는 장면 뒤에 어떻게 될지 물었다. 엄마 전근으로 트리샤가 전학 간 사건을 말하자 힘들겠다고 아이들이 말한다. 트리샤처럼 특별한 문제를 안고 있는 경우는 적응이 더 어렵다. 트리샤는 전학 가서 힘든 학교생활을 한다.

5학년이 된 트리샤는 아이를 진심으로 사랑하는 폴커 선생님을 만난다. 폴커 선생님은 트리샤의 그림 재능을 칭찬하고, 트리샤를 비웃는 아이들을 야단친다. 그러자 에릭 외에는 아무도 놀리지 않게 된다.

"에릭은 왜 트리샤를 놀렸을까?"

짝끼리 토의하고 발표하게 했다.

"책을 읽지 못해서요."

"책을 잘 읽지 못하면 놀려도 되니?"

"놀리면 안 돼요. 까마귀 소년도 남과 다른 부분이 있었지만, 자세히 보면 장점이었잖아요."

"트리샤가 선생님께 너무 많은 관심을 받으니까 질투한 것 같아요."

에릭의 친구들은 왜 트리샤를 놀렸는지 물으니 에릭에게 왕따 당할 것 같기 때문이라고 한다.

"시켜서 한 것은 학교폭력 아닌가?"

"시켜서 해도 학교폭력이에요. 책임져야 해요"

"진짜 친구라면 충고를 해주어야 할 것 같아요."

친구의 말에 공감하는 것도 중요하고, 친구가 잘못된 길로 갈 때 안타까운 마음을 표현하는 것도 중요하다고 했다.

방과 후 폴커 선생님은 트리샤에게 여러 가지 방법으로 글을 가르친다. 폴커 선생님은 트리샤의 마음을 공감하며 글을 읽도록 용기를 준다. 나에게 힘과 용기를 주는 사람으로 아이들과 이야기를 나누었다. 부모님, 선생님, 친구가 나온다. "나는 할 수 있다"는 수석선생님 말이 용기를 준다고 해서 고맙다고 했다.

모둠별로 힘이 되는 문장을 토의했다. 나온 내용 중 '사랑합니다', '감사합니다', '고맙습니다', '미안합니다' 4개를 정해 동물농장 놀이를 했다. "사랑합니다" 말하면 '사랑합니다'에 선택된 친구들이 자리에서 일어나 다른 자리로 옮겼다.
"나는 이 모든 말에 힘이 납니다." 반 전체 아이들이 자리를 옮겼다. 그 외 아이들이 고른 또 다른 힘을 주는 말로 동물농장 놀이를 했다.

선생님의 노력과 트리샤의 인내가 열매를 맺는다. 마법처럼 머릿속에 빛이 쏟아져 들어오는 것처럼, 낱말과 문장들이 그 페이지에서 형태를 갖춘다. "시간은……삶이며…… 삶은…… 가슴……속에……깃들어……."
트리샤가 문장, 문단을 읽고, 뜻을 이해하는 장면에서 폴커 선생님과 플레시 선생님 눈이 그렁해진 것처럼 내 눈에도 눈물이 맺혔다.
그날 밤 트리샤는 일곱 살 때 할아버지와 추억이 담긴 책 표지에 꿀을 끼얹는다. 달콤함을 맛보며 트리샤가 눈물을 흘리며 행복해하는 장면을 읽었다.
"꿀은 달콤해. 지식의 맛도 달콤해. 하지만 지식은 그 꿀을 만드는 벌과 같은 거야. 이 책장을 넘기면서 쫓아가야 얻을 수 있는 거야!"

행복은 어디에 있냐고 질문했다. 꿀과 같은 달콤한 행복은 노력해 쫓아가야 얻는다고 한다. 한 아이가 행복은 우리 주위에 있다고 했다. 사실 행복은 선물처럼 주어지는 것이 많다. 값없이 주어지는 공기, 햇빛이 있어 우리 모두 안전하게 산다. 일상의 선물을 발견하는 눈이 있으면 나는 어떤 상황에서도 행복하다.

그림책 작가인 패트리샤 폴라코가 주인공 트리샤라고 말하자, 아이들이 "정말이에요?"라고 흥분한다. 30년 뒤 폴커 선생님을 만나 "선생님은 영원히 나의 영웅"이라고 말하는 장면에서 아이들이 손뼉을 친다. 아이들이 실제 이야기인 것을 알게 되면서 더 많이 감동 받는다.

마지막으로 알파벳, 숫자 암호 풀기를 하였다.
"이것은 무엇일까? 8글자야. A5  E1F  G9F  B⑩  C1   G3B  G1⑩H  B⑩E"

아이들이 어려워해서 A가 ㄱ, B가 ㄴ, 1이 ㅏ, 2가 ㅑ라고 힌트를 주었다. 그러자 '고맙습니다. 선생님'을 금방 찾는다. 고맙습니다. 선생님이라는 암호를 크게 읽고 선생님께 고마웠던 일을 나누었다.

"재미있는 수업을 해주셔서 감사하다"는 말에 "고마워 애들아." 화답했다.

## 아이들과 함께 만들어 가는 그림책 놀이수업 교수 학습안

| 단계 | 그림책 놀이수업 교수·학습 활동 | 질문 | 놀이 |
|---|---|---|---|
| 도입 | ◉ 학습문제 확인<br>**나에게 힘을 주는 말과 사람을 알아보자.**<br>◉ (전체 질문)<br>- 할아버지는 책 표지에 엎은 꿀을 왜 손녀에게 먹게 했을까? | 꿀을 왜 먹게 했을까? | |
| 전개 | ◉ (전체 질문)<br>- 트리샤 고민에 할머니는 어떻게 말했나?<br>◉ (놀이) 개똥벌레 노래<br>- 개똥벌레 노래를 해보자.<br>◉ (전체 질문)<br>- 책 읽기, 더하기를 하지 못하는 트리샤의 마음은?<br>- '그러던 어느 날' 어떤 일이 일어났나?<br>◉ (짝 질문)<br>- 에릭은 왜 트리샤를 놀렸을까?<br>- 시켜서 한 것은 학교폭력인가?<br>◉ (모둠 질문)<br>- 나에게 힘을 주는 사람이나 말은?<br>◉ (놀이) 힘을 주는 말놀이<br>- 힘을 주는 말놀이를 해보자.<br>◉ (전체 질문)<br>- 행복은 어디에 있나?<br>◉ (놀이) 암호 놀이<br>- 알파벳, 숫자 암호 풀이 놀이를 해보자. | 할머니 말?<br><br><br>트리샤 마음?<br>어떤 일?<br><br>에릭은 왜?<br>시킨 것?<br><br>힘주는 사람, 말?<br><br><br>행복은? | 개똥벌레 노래<br><br><br><br><br><br><br><br><br>힘을 주는 말놀이<br><br>암호 놀이 |
| 마무리 | ◉ (질문, 놀이) 본깨적 놀이<br>- 내가 알게 된 것을 본깨적 놀이로 발표해볼까?<br>**(손을 잡고)** 알궁근적 본깨적!<br>수업에서 본 것, 깨달은 것, 실천할 부분을 말함 | 알게 된 점? | 본깨적 놀이 |

## 그림책 놀이 방법

### 개똥벌레 노래 놀이
① 개똥벌레 가사 의미를 나눈다.
② 개똥벌레 율동을 배운다.
③ 개똥벌레 노래와 율동을 함께한다.
　예) 아무리 우겨 봐도(검지손가락 하늘 찌르기)
　　　어쩔 수 없네(손바닥 위로 두 번 올림)

### 힘을 주는 말 놀이
① 힘을 주는 말 '사랑합니다', '감사합니다', '고맙습니다', '미안합니다' 4개를 정한다.
② "사랑합니다" 말하면 '사랑합니다'에 선택된 친구들이 자리에서 일어나 다른 자리로 옮긴다.
③ "나는 이 모든 말에 힘이 납니다"라는 말에는 모두 자리를 옮긴다.
④ 아이들이 고른 힘을 주는 말로 놀이를 진행한다.

### 암호 놀이
① 암호를 칠판에 적거나 암호문을 나눈다.
② 아이들이 풀기를 어려워하면 알파벳 A가 'ㄱ'임을 말한다.
③ 아이들이 어려워하면 1이 'ㅏ'임을 알려 준다.
④ 아이들이 암호문을 푼다.
　예) "이것은 무엇일까요? 8글자입니다."
　　＊암호문 제시 : A5 E1F G9F B⑩ C1 G3B G1⑩H B⑩E
　　－정답 : 고맙습니다 선생님

# 5장

## 배움을 깊이 있게

## 01
# 시간이 흘러도 변하지 않는 것은?
### 시간이 흐르면

《시간이 흐르면》ⓒ 이자벨 미뇨스 마르틴스, 그림책공작소

　《시간이 흐르면》은 보이지 않는 시간을 몸으로 느끼게 하는 그림책이다. 시간이 흐를 때 생기는 순간적인 감동을 잡아 흐르는 시간 속에서 변하는 것과 변하지 않는 것을 잔잔하게 그린다. 그림책 마지막에는 시간이 흘러도 변하지 않는 것을 생각하게 한다. 2015년 포르투갈 아동작가협회 선정 최고 어린이상을 수상한 그림책이기도 하다.

시간은 의미 없이 쓰는 크로노스, 목적의식을 가지고 사용하는 카이로스로 나눈다. 크로노스로 시간을 방향 없이 즐기며 살아갈 때 아이들은 스마트폰에 빠지기 쉽다. 자신도 주체하지 못하는 과몰입 상태에 빠진다. 똑같이 주어지는 시간을 어떤 이는 카이로스로 산다. 목적이 이끄는 삶을 살며 인생을 의미 있게 만든다. 개인과 가족이 아닌 민족과 인류를 위해 살아간다. 안중근 의사, 이태석 신부는 짧은 인생을 살았지만, 사랑을 가슴에 품은 채 공동체에 헌신하였다.

스펜서 존슨이 쓴 《선물》에는 과거라는 시간에서 교훈을 얻고, 현재를 충실하게 살면서 미래 계획을 세우라고 한다. 우리가 똑같은 실수를 거듭한다면 우리는 과거에서 교훈을 놓치고 사는 것이다. 아침에 입을 옷, 휴대폰, 준비물을 찾다가 지각을 하면 반성 후 저녁에 필요한 물건을 미리 챙기는 시간을 만들어야 한다. 중요한 물건은 위치를 지정해 같은 실수를 반복하지 않아야 한다. 실패의 경험에서 나오는 고통을 피하지 말고, 직면해 교훈을 얻어야 잘못된 습관을 고친다.

현재를 충실하게 살려면 어떻게 해야 할까? 가장 소중한 부분을 종이에 적고 언제 할지 계획을 세워야 한다. 시간을 기록하는 것만으로 삶을 성찰할 수 있다. 중요한 일과 당장 해야 할 일을 구분하고 먼저 해야 할 일을 실행한다. 갑자기 생각나는 일은, 메모하고, 해야 할 일을 종이에 적어서 집중한다. 그러면 중요한 일 외에 자신이 하고 싶은 일과 쉴 수 있는 시간이 만들어진다.

시간이 흘러도 변하지 않는 소중한 것을 그림책에서는 친구 사이의 우정이라고 한다. 과거로 돌아간다면 나는 친구들과 무엇을 할까? 친구가 원하는 곳에서 식사하고, 가까운 곳을 여행하고 싶다. 현재 만나는 친구에게 후회가 남지 않도록 사랑과 따뜻한 미소를 나눌 것이다.

  나에게 시간이 흘러도 변하지 않는 것은 무엇일까? 사랑, 가족, 아이들이 떠오른다. 지금 당장 가족에게 사랑한다고 말하고 아내 손을 잡고 수목원을 산책하겠다. 지금 떠오르는 제자와 친구, 멘토에게 전화로 안부를 묻겠다. 오늘 하루만 있다는 마음으로 나와 함께한 존재를 뜨겁게 사랑하겠다.

 **수업 속으로**

4학년 아이들에게 시간 관리법을 알려준 후 소감을 물었다. 어렵지만 재미있다고 한다. 어렵지만 재미있는 시간에 대해 알아보자고 하며 《시간이 흐르면》 그림책을 꺼냈다.

제목으로 절대음감 놀이를 했다.
한 글자씩 순서대로 강조하는 놀이다.
"시간이 흐르면(시 강조), 시간이 흐르면(간 강조), 시간이 흐르면(이 강조), 시간이 흐르면(흐 강조), 시간이 흐르면(르 강조), 시간이 흐르면(면 강조)."
절대음감 놀이로 다소 어려운 그림책 제목에 아이들이 흥미를 느낀다.

"시간이 흐르면 어떻게 되는지 살펴볼까?"
시간이 흐르면 아이는 자라고 연필은 짧아지는 이야기부터 읽었다.
"어떤 치즈는 맛이 좋아지고 어려웠던 일이 쉬워지기도 해. 어려웠던 일이 어느 날 쉬워진 것이 있니?"
"옛날에는 옷 입는 것이 어려워 엄마가 옷을 입혀 주었지만, 지금은 스스로 입어요."
"2학년 때는 구구단이 어려웠는데 지금은 쉬워요."
욕조에서 목욕하는 장면과 수영장에서 수영하는 장면을 보면서 시간이 흐르면서 잃는 것과 얻는 것에 대해 토의했다.

"예전에는 욕조에서 수영하고, 수영장에서는 하지 못했습니다. 커서는 욕조에서 수영하는 것은 잊어버리고, 수영장에서 수영하는 것을 얻었어요."

"그럴 수 있겠네. 시간이 흐르고 나서 얻고 싶은 것은 무엇이 있니?"

짝끼리 토의한 것을 발표했다.

"시간이 흐르면 나는 요리를 잘하면 좋겠어."

"어떤 요리를 잘 하고 싶어?"

"한식요리를 잘 하고 싶어. 그래서 우리나라 음식을 외국에 알리고 싶어."

"요리를 연구하는 너만의 방법은 있어?"

"인터넷에서 한식요리를 찾아 집에서 요리를 하면서 찾고 있어."

시간이 흐르면 어떤 단어는 영영 사라지기도 한다는 부분에서 창, 방패 놀이를 하였다.

"창 방패 놀이를 해보자. 2명을 마음속으로 상상해 봐. 한 명은 창, 한 명은 방패야. 창은 피해야 해. 창에 맞으면 사라지게 돼. 맞지 않으려면 방패 뒤에 잘 숨어야 해."

아이들이 창에 맞아 사라지지 않기 위해 자신이 정한 방패 뒤에 숨는다. 아이들이 정해진 공간에서 활발하게 움직이며 놀이에 빠져든다.

"시간이 흐르면 어떤 단어가 사라지듯 우리 인생도 조금씩 사라지겠지. 하루라는 시간을 생각 없이 두면 어떻게 될까?"

"핸드폰이나 게임을 하게 돼요."
"핸드폰이라는 창에 맞아 시간이 낭비되고 소중한 추억도 사라지겠지. 시간 낭비를 방지하는 방패는 무엇일까?"
"책을 읽으면 시간을 낭비하지 않아요."
"운동도 시간을 낭비하지 않는 것이에요."
"친구하고 노는 것도 소중하다고 생각해요."
"여러분이 하려고 하는 것을 잘하려면 무엇을 해야 할까?"
아이들 생각을 삶에서 실천하게 질문했다.
"시간 계획을 세우고 실천해야 합니다."

줄을 서면 시간이 흘러 내 차례가 오고, 하루가 흘러가면 눈을 감는다는 그림책 내용에서 줄 서기 놀이를 했다.
"줄 서기 놀이해보자. 성을 포함한 이름으로 가나다 순서대로 서기. 시작!"
기역, 니은 순서대로 아이들이 선다. 번호순이 이름순서인 것을 알자 빠르게 선다. 성을 뺀 이름으로 한 번 더 하고, 생일, 꿈으로 줄 서기 놀이를 진행했다.
"이제 나의 꿈으로 한 줄 서기 시작!"
"내 꿈이 뭐지?"
아이들이 꿈을 말하며 한 줄을 만든다.

시간이 흘러도 변하지 않는 것이 있다는 부분을 읽고 모둠끼리 토의 후 발표했다.

"사람은 사라져도 꿈이나 좋아하는 것은 변하지 않아요."

"시간이 흐르면 죽는다는 것과 시간이 흐르는 것이 변하지 않아요."

철학 같은 이야기도 나온다.

"어머니 사랑은 변하지 않는다고 생각합니다. 10달 동안 아이를 품은 사랑은 위대하기 때문입니다."

그림책에 나오는 변하지 않는 것을 말했다.

"그림책에서 변하지 않는 정말 중요한 것은 소중한 친구라고 해."

나이가 들어도 끝까지 남는 소중한 친구가 되려면 어떻게 할지 물었다. 내가 말하는 것을 잘 들어주는 친구와 끝까지 함께하고 싶다고 한다. 잘못한 것이 있으면 바로 사과하고, 함께 있으면 편해야 한다는 말도 나온다.

이후 '시간이 흐르면' 학반 그림책을 만들었다.

시간을 잘 활용해 친구와 깊은 우정을 나누면 좋겠다고 말하며 그림책 수업을 마무리했다.

## 아이들과 함께 만들어 가는 그림책 놀이수업 교수 학습안

| 단계 | 그림책 놀이수업 교수·학습 활동 | 질문 | 놀이 |
|---|---|---|---|
| 도입 | ⊙ **학습문제 확인**<br>**시간이 흘러도 변하지 않는 것을 알아보자.**<br>⊙ (놀이) 절대음감놀이<br>- 절대음감 놀이를 해보자. | | 절대음감 놀이 |
| 전개 | ⊙ (전체 질문)<br>- 시간이 흐르면 어떻게 될까?<br>- 어느 날 어려웠던 일이 쉬워진 것은?<br>- 시간이 흐르면서 잃는 것과 얻는 것은?<br>⊙ (짝 질문)<br>- 시간이 흐를 때 얻고 싶은 것은?<br>⊙ (놀이) 창 방패 놀이<br>- 창 방패 놀이를 해보자.<br>⊙ (전체 질문)<br>- 하루라는 시간을 생각 없이 두면 어떻게 될까?<br>- 시간 낭비를 방지하는 방패는 무엇일까?<br>⊙ (놀이) 한 줄 서기 놀이<br>- 한 줄 서기 놀이를 해보자.<br>⊙ (모둠 질문)<br>- 시간이 흘러도 변하지 않는 것은?<br>⊙ (전체 질문)<br>- 늙어가면서 끝까지 남는 소중한 친구가 되려면? | 시간 흐르면?<br>쉬워지는 것?<br>잃는 것<br>얻는 것?<br>얻고 싶은 것?<br><br>하루?<br>시간 낭비 방지방패?<br><br>변하지 않는 것?<br>소중한 친구? | 창 방패 놀이<br><br>한 줄 서기 놀이 |
| 마무리 | ⊙ (질문, 놀이) 본깨적 놀이<br>- 내가 알게 된 것을 본깨적 놀이로 발표해볼까?<br>(손을 잡고) 알궁근적 본깨적!<br>수업에서 본 것, 깨달은 것, 실천할 부분을 말함 | 알게 된 점? | 본깨적 놀이 |

## 그림책 놀이 방법

### 절대음감 놀이

① 말해야 할 글자를 이야기한다.
　예) 시간이 흐르면
② '시간이 흐르면'을 처음부터 한 글자씩 강조한다.
③ 하다가 틀리면 다시 시작한다.
　예) 지금부터 절대음감 놀이를 진행하겠습니다.
　- 시간이 흐르면(시 강조), 시간이 흐르면(간 강조), 시간이 흐르면(이 강조)….

### 창 방패 놀이

① 한 명이 반에서 두 명의 아이를 마음으로 정한다.
② 한 명은 창, 한 명은 방패로 정한다.
③ 창 방패 놀이 시작하면 창을 피해 방패 뒤에 숨는다.

### 한 줄 서기 놀이

① 사회자가 한 줄 서는 기준을 말한다.
② 기준에 맞추어 서야 할 자리에 선다.
③ 처음에는 이름처럼 단순한 내용으로 진행하고, 이후 꿈처럼 깊이 생각하는 기준을 제시한다.
　예) 이제 나의 꿈으로 한 줄 서기입니다.
　- 자기 꿈을 말하면서 가나다 순으로 줄을 만든다.
　- "간호사, 경찰, 마술사, 상담사, 유치원교사, 유튜버" 정답!

# 내가 힘써야 할 것은?
## 조선 제일 바보의 공부

《조선 제일 바보의 공부》ⓒ 정희재/책읽는 곰, 책읽는곰

《조선 제일 바보의 공부》는 만 번을 읽어도 내용을 기억하지 못하던 주인공 김득신이 끝없는 노력으로 조선 최고 독서 왕이자 시인이 된 이야기다.

김득신이 바보라는 놀림을 이겨내고 당대 최고가 될 수 있었던 이유를 살펴보자.

첫째, 김득신은 김치라는 아버지가 있었다. 아버지는 책을 읽지 못해 좌절하는 득신에게 아직 때가 되지 않았다고 위로한다. 그런 격려에 힘을 얻어 김득신은 열 살에 글을 읽고, 이후 인정받는 시인 및 독서가로 거듭난다. 이처럼 성공한 사람에게는 믿어주는 한 사람이 있다.

둘째, 책을 반복해서 읽었다. 김득신은 백이전을 11만 2천 번 읽었다. 아버지가 돌아가신 무덤에서 삼년상을 치를 때에도 책을 읽었다. 반복하는 책 읽기에 몰입하며 책을 친구로 삼았다. 결국 책 속 문장과 시가 김득신의 생각을 깊게 해 59세 과거급제를 한다. 투자의 귀재 워렌버핏은 '한 가지 지혜를 선택한다면 읽고, 읽고, 또 읽는 것'이라 했다. 같은 책을 반복하며 읽는 것은 위대한 힘이 있다.

셋째, 김득신은 실천하는 사람이었다. 아버지께서 바른 자세와 낭독의 힘을 알려주면 그대로 실천했다. 책을 읽으면 바로 잊어버리는 자기 한계를 극복하기 위해 만 번 이상 읽은 36편의 책을 독수기로 남겼다. 이러한 고민과 실천은 김득신을 독창적인 시와 책의 세계로 인도했다.

김득신의 묘비명에는 "나보다 어리석고 둔한 사람은 없지만 결국 이루었고, 그것은 힘쓰는 데 달렸다"라고 적혀 있다. 자신의 한계를 알고, 끊임없이 배움을 실천한 김득신은 관직에 진출해 시인 및 독서가로 이름을 떨친다.

호아킴 데 포사다가 지은 《바보 빅터》에 나오는 빅터는 아이큐가 173이다. 빅터는 한 교사의 어처구니없는 실수로 아이큐가 73인 바보가 되고, 바보 프레임에 갇혀 17년을 무기력하게 산다. 그의 삶이 바뀌는 순간은 단순하다. 아이큐가 173임을 알게 된 빅터는 그날 천재가 된다. 천재인 것을 빅터가 믿는 순간 자신을 사랑하고 잠재력을 발휘하게 되었다. 꿈을 이루려면 자신을 믿어야 한다. 긍정적 삶의 태도로 계획한 것을 매일 실천하면 좋은 습관이 만들어진다. 좋은 습관은 꿈을 이루게 한다.

아이를 있는 그대로 바라보며 좋은 관계를 맺어라. 아이에게 긍정의 마음과 자기 존중감을 가지게 하라. 책을 스스로 읽도록 보이지 않게 도우라. 아이와 책이 친구가 되면, 책이 아이 마음에 있는 보석을 빛나게 만든다.

 **수업 속으로**

조선에서 제일가는 바보가 공부하면 어떻게 될지 물었다. 많이 힘들고 금방 포기할 것 같다고 한다. 정말 그런지 그림책을 읽어 보자 하니 아이들이 호기심을 가진다. 천연두에 걸려 운 좋게 살았지만, 바보가 된 소년은 온종일 매달려도 천자문 한 구절을 외우지 못한다. 까마귀 소년이라고 불리던 소년이 천자문을 외우는 장면에서 아이들과 놀았다.

"세 글자를 외우지 못하는 김득신을 위해 참새 짹짹 십자문 놀이해 볼까?"

천자문 한자 열 개를 놀이 속에 섞어 진행하였다.

"참새" "짹짹" / "天 하늘 천" "地 땅 지" / "오리" "꽥꽥" / "玄 검을 현" "黃 누를 황" / "돼지" "꿀꿀" / "宇 집우 宙 집주" / "까마귀" "까악 까악" / "洪 큰물 홍" "荒 거칠황" / "김득신" "독서" / "日 날일" "月 달월"

아이들이 십자문은 재미있지만, 천자문 외우는 것은 정말 힘들 것 같다고 한다.

"왜 아이는 까마귀 아이로 불렸을까?"
"자꾸 잊어버려서요. 자꾸 잊어버리면 엄마가 까마귀 고기 먹었냐고 해요."

까마귀 아이가 책 읽기를 포기하지 않는 것을 보고 기특해하는 아버지가 나온다. 아이들이 아버지가 대단하다고 한다. 아버지가 바른 자세로 책을 읽으라 하니 김득신이 바른 자세로 독서 하는 장면이 나온다.

바른 자세로 독서 하는 경청 율동을 했다.
"손 놓고 허리 펴고 짝짝짝/ 선생님 보고 미소 짓고 짝짝짝.
잘 듣고 고개 끄덕 짝짝짝/ 경청 짝 발표 짝."

처음에는 아무것도 모르던 까마귀 아이는 시간이 흐르자 바른 자세로 책을 읽고, 어떤 책이든 막힘없이 얘기한다. 아름다운 시를 짓는 청년이 되었다. 이 청년의 이름이 조선 최고 시인 김득신이라 하니 아이가 말한다.
"수석선생님. 김득신 아저씨 이야기를 들으니 바보 온달이 생각나요."
"왜 바보 온달이 생각나?"
"온달도 바보인데 나중에 평강공주 도움을 받아 장군이 되잖아요."
"온달 장군과 김득신 아저씨의 공통점을 말해 볼까?" 짝끼리 말하게 했다.
"둘 다 처음에는 바보였어요. 그런데 도움을 받고 성공했어요."
"누구에게 도움을 받았니?"
"온달은 평강공주에게 받았고, 김득신은 아버지에게 받았어요."
김득신은 아버지 도움으로 읽고, 생각하고, 쓰면서 시인이 되었고, 바보 온달은 평강공주 도움으로 글공부와 무술을 연마해 고구려 장군이 되었다고 정리했다.

아이들이 책을 읽으면서 다른 인물과 연결하는 것이 대견하다.
"김득신 선생님이 지은 시를 한번 바꾸어 볼까?"
아이들이 좋다고 한다. 김득신 선생님 시를 각각 한 행씩 바꾸어 모둠으로 발표했다.
"우리 모둠은 김득신 선생님의 시를 다음과 같이 바꾸어 보았습니다.

고목은 흰 눈에 덮이고
눈길은 발자국이 찍혔네
해 저무는 도로는 빙판길 되니
아빠가 천천히 집으로 오네."
아이들이 시 속 배경과 인물 사건을 바꾸어 시를 지었다.

시를 지은 후 김득신 술래잡기를 했다. 술래에게 잡힐 것 같으면 '읽생시'라 외치고 얼음이 된다. 친구가 '김득신'이라 말하면서 손으로 치면 다시 놀이에 참여한다. 두 번 '읽생시'라고 말하거나, 술래에게 잡히면 억만재(김득신 서재)에 들어가 시를 낭송했다. 5명 이상 억만재에 들어가면 잠시 놀이를 멈추고 친구들과 함께 만든 시를 한편 읽었다.

김득신이 자기 무덤에 쓴 묘비명 이야기를 아이들과 나누었다.
"재주가 남보다 못하다고, 스스로 한계를 짓지 마시오. 나처럼 어리석은 사람도 드물지만 마침내는 뜻을 이루었다오. 모든 것은 힘쓰는 데 달렸다고 했어. 모든 것은 힘쓰는 데 달렸다는 뜻이 무엇인지 이야기해 볼까?"

"어떤 일을 끝까지 포기하지 않고 열심히 하는 것입니다. 예를 들어 김득신 선생님께서 끝까지 포기하지 않고 공부한 것을 말해요. 그래서 59세에 과거 급제했어요."

조선 시대 59세는 요즘 나이로 100살과 같다고 하니 '우와. 대박'이라는 반응이 나온다.

아이들도 김득신 선생님의 포기하지 않는 끈기와 성실을 배우고 싶다고 한다. 김득신 선생님의 성실로 우리가 힘쓸 일은 무엇인지 모둠끼리 토의했다.

"우리 모둠은 책을 날마다 읽고, 두 줄 쓰기를 하기로 했어요."

"자신을 믿고 포기하지 않아야 한다고 생각합니다."

"저는 한 번 책을 읽으면 그만 읽었는데 여러 번 반복해 읽기로 했습니다."

아이들 이야기를 듣고 긍정의 말을 전했다.

"자신감을 가지고 도전하면 원하는 것이 이루어진단다. 포기하지 않으면 운동, 공부, 친구 관계도 좋아져."

백 번 도전해 탈락하면 백한 번 도전하는 아이들을 상상하며 진심을 전했다. 사랑하는 말로 지지하고 아이를 믿는 선생님으로 살고 싶다.

## 아이들과 함께 만들어 가는 그림책 놀이수업 교수 학습안

| 단계 | 그림책 놀이수업 교수·학습 활동 | 질문 | 놀이 |
|---|---|---|---|
| 도입 | ⊙ 학습문제 확인<br>**어떤 일에 힘써야 할지 알아보자.**<br><br>⊙ (전체 질문)<br>- 조선 제일 바보가 공부하면?<br>⊙ (놀이) **십자문 놀이**<br>- 십자문 놀이를 해보자. | 바보 공부? | 십자문 놀이 |
| 전개 | ⊙ (전체 질문)<br>- 아이는 왜 까마귀 아이로 불렸을까?<br>⊙ (놀이) **경청율동 놀이**<br>- 경청율동 놀이를 해보자.<br>⊙ (짝 질문)<br>- 온달장군과 김득신아저씨를 비교해보면?<br>⊙ (모둠 질문)<br>- 김득신 선생님 시를 보고 내용을 바꾸어 볼까?<br>⊙ (놀이) **김득신 술래잡기 놀이**<br>- 김득신 술래잡기 놀이를 해보자.<br>⊙ (전체 질문)<br>- 모든 것은 힘쓰는데 달렸다는 뜻은 무엇인가?<br>- 김득신 선생님처럼 되려면 어떤 일에 힘써야 할까? | 왜 까마귀 아이?<br><br>온달과 득신 비교?<br>시 바꾸기?<br><br>힘쓰는데 달렸다는 것?<br>어떤 일 힘? | 경청율동 놀이<br><br>김득신 술래잡기 놀이 |
| 마무리 | ⊙ (질문, 놀이) **본깨적 놀이**<br>- 내가 알게 된 것을 본깨적 놀이로 발표해볼까?<br><br>**(손을 잡고) 알궁근적 본깨적!**<br>수업에서 본 것, 깨달은 것, 실천할 부분을 말함 | 알게 된 점? | 본깨적 놀이 |

## 그림책 놀이 방법

### 십자문 놀이

① 두 박자 동안 진행자가 단어를 말한다.
② 세 박자, 네 박자에 진행자가 말한 단어와 연관된 단어를 말한다.
③ 천자문에 나오는 열 자를 참새 짹짹에 넣어 한자어 10개를 익힌다.
  예) "참새" "짹짹", "天하늘 천" "地땅 지", "돼지" "꿀꿀", "玄검을 현" "黃누를 황"

### 경청율동 놀이

① 친구에게 인기 얻는 방법은 경청이라고 한다.
② "경청율동 준비"하면 "경청"이라고 한다.
③ "경청율동 시작"이라고 하면 경청율동을 한다.
④ "손 놓고 허리 펴고 짝짝짝,
  선생님 보고 미소 짓고 짝짝짝,
  잘 듣고 고개 끄덕 짝짝짝,
  경청 짝 발표 짝."

### 김득신 술래잡기 놀이

① 술래를 정한다.
② 술래에게 잡힐 것 같으면 '읽생시'라고 외친다.
③ 친구가 '김득신'이라고 말하고 터치하면 다시 놀이에 참여한다.
④ 두 번 '읽생시'라고 말하거나 잡히면 억만재(김득신 서재)에 들어가 시를 낭송한다. 5명이 억만재에 들어가면 "시를 낭송하겠소" 라고 외친다. 기존에 있는 시나 즉흥시를 낭송한다.

## 03

# 상대가 질문할 때 어떻게 대화할까?

## 왜냐면

《왜냐면》ⓒ 안녕달, 책읽는곰

《왜냐면》은 아이의 끝없는 질문과 엄마의 재치 있는 대답이 꼬리를 물면서 상상의 세계를 만드는 이야기다. 유치원 선생님이 아이 엄마에게 가방을 건네며 이야기는 시작된다. 가방에는 오줌 싼 바지가 들어 있다. 화가 날 수 있는 상황에서 엄마의 얼굴은 평안하다. 엄마와 아들이 바닷가 유치원을 나올 때 마침 비가 온다.

아들은 엄마에게 비는 왜 오는지 질문한다. 엄마는 아이 말을 듣고 하늘에서 새가 울어서 그렇다고 대답한다. 엄마는 땅의 물이 수증기로 올라가 구름이 만들어져 비가 오는 것을 안다. 그런데 왜 엉뚱한 대답을 했을까? 아마 어린 아들에게 어려운 과학 이야기보다, 상상을 자극하는 이야기를 하고 싶었을 것이다. 엄마가 사실대로 말했다면 아들은 질문을 이어가지 못하고 대화는 끊겼을 것이다. 아들 눈높이에 맞추어 대화 수준을 잡았기 때문에 이야기는 계속 이어졌다.

대화가 오랫동안 이루어진 또 다른 요인은 오줌 싼 아들을 예쁘게 보는 엄마의 사랑 때문이다. 아들은 대화 중 엄마 사랑을 느끼며 계속 질문했다. 재치 있는 엄마의 대답은 아들이 가진 질문 스위치를 계속 작동시킨다. 엄마는 아들 감정을 공감하며 대화한다. 그러다가 아들은 어쩌면 숨기고 싶었던 오줌 싼 이야기를 꺼낸다.
　아들 물음에 답만 하던 엄마가 무심한 듯 "어, 왜?"라는 질문을 던진다. 이 질문으로 아들은 바지에 오줌 싼 것을 자연스럽게 말한다. 있는 그대로 고백한 아들 마음은 한결 더 편해졌을 것이다.

자신이 고민하는 질문으로 답을 찾는 방식은 예나 지금이나 최고의 교육 방법이다. 예수, 공자, 소크라테스도 질문을 통해 제자들과 대화를 이어갔고, 제자는 스스로 답을 찾았다.
　'왜냐면'에 나오는 엄마와 아들의 대화처럼, 교실에서 질문이 살아 있는 수업이 이루어져야 한다. 서로 질문하며 토의하면 배움이 일어난다.
　수업 종이 울려도 노는 아이에게 "빨리 앉아라" 지시하는 언어는 근본적으로 아이 행동과 태도를 바꾸지 못한다. "수업 종이 치면 어떻게 해야 할까?"란 질문으로 아이 스스로 생각하게 하자. 질문은 아이 마음속 보물을 깨운다. 교실에 배움과 삶이 하나 된 행복수업을 만든다.

　질문으로 작은 계단을 만들어, 아이가 모르는 부분을 스스로 알게 하자. 그러면 아이들은 행복하게 배우며 성장한다.

 **수업 속으로**

'왜냐면'이라는 그림책 제목을 보여주며 언제 이 말을 하는지 물었다. 이유를 말할 때 쓴다고 한다. '왜냐면'과 질문은 친구라고 말하고 질문 놀이를 하자고 했다.

"다까 왜다까 질문 놀이 해볼까? 선생님이 문장을 말하면 마지막 '다'를 '까'로 바꾸는 거야. 학교에 왔습니다."
"학교에 왔습니까?"
다를 까로 바꾸고, 왜를 넣기로 했다.
"비가 옵니다."
"비가 옵니까?, 왜 비가 옵니까?"

'어머니, 이거……' 라는 글자와 함께 어머니에게 전달된 종이가방이 무엇인지 물었다. 아들이 만든 물건이라는 말이 많이 나온다. 답은 나중에 찾아보자 하고 그림책을 읽었다.
"바닷가 유치원을 나오는데 하늘에서 무엇이 내리니?"
"비가 내리고 있어요."
"비가 왜 오냐는 말에 엄마는 어떻게 말할까?"
"땅에 있는 수분이 수증기로 올라가 구름이 되고 무거워지면 비가 내린다고 말해요."
 과학에 관심이 많은 승준이가 말한다.
 "하늘에서 새가 울어서 그래."
 그림책 속 엄마 말을 읽어주니 아이들이 웃는다.
 엄마 말은 아들의 상상력을 불러일으켜 질문에 꼬리를 물게 한다.
 "새는 왜 우는데요?"
 "물고기가 새보고 더럽다고 놀려서야."
 "왜 물고기가 새보고 더럽다고 해요?"
 "물고기는 물속에서 계속 씻는데 새는 안 씻어서야."
 아이 질문과 어머니 대답이 하나의 이야기로 연결된다.

 그림책을 읽다가 '왜 그래요' 놀이를 했다. 상대 질문에 동작과 함께 대답하는 놀이이다.
 "왜 그래요 놀이해 볼까. 꼬리잡기 질문 2개에 대한 답과 말한 동작을 따라 하면 돼. '왜 물고기는 계속 씻어요?'로 해 볼게."
 철영: 왜 물고기는 계속 씻어?(계속 씻는 동작)
 영미: 몸에서 냄새가 나기 때문이야.(냄새 맡는 동작)
 철영: 왜 몸에서 냄새가 나?(냄새 때문에 코 막는 동작)
 영미: 바다가 오염되었기 때문이야.(바다가 오염되는 동작)

 '비는 왜 와요?'로 시작한 이야기는 하늘의 새, 물속 물고기로 이어진다. 물고기가 먹는 것을 뱉은 이유가 물고기 밥이 맵기 때문이고, 농장 옆 고추밭이 새로 생겼다는 이야기로 흐른다.

아들이 내 바지도 고추밭 옆에서 자랐다고 말하는 것으로 아이들에게 질문했다.

"내 바지도 고추밭 옆에서 자랐냐고 한 이유는 뭘까?"

아이들이 이유를 말하지 못해, 바지가 매워 울었다는 이야기를 읽었다. 그러자 아들이 오줌 싼 것을 알아차린다. 이어서 바지에게 물을 줘야겠다는 아들 말은 바지를 빨아야 하는 의미라고 한다.

"엄마는 아들 실수에 어떻게 했니?"

"아들이 실수했는데 화내지 않고 친절해요."

"아들 실수를 지적해 고치지 않으면 커서도 그러지 않을까요?"

영주 말에 승준이가 다시 질문한다.

"잘못했다고 해서 혼내면 상처가 되고 안 좋아요."

야단치는 것보다 사랑으로 이해해야 한다는 이야기가 많다. 자연스럽게 유치원 선생님이 준 물건도 오줌 싼 바지란 걸 알게 된다.

내가 실수했을 때 어떻게 해야 할까 질문한 후 모둠끼리 토의하게 했다.

"사과하고 화해해요."

"친구가 화를 내고 소리 지르면?"

"한 번 더 사과하고, 친구와 갈등을 풀려고 노력해요."

서로 잘못했을 때 먼저 사과하는 사람이 자존감이 높은 리더라고 말했다.


인형 던지기 놀이를 하였다.

"인형을 던지며(서영에게 던짐). 서영아 반가워."

"고마워요 선생님." 서영이가 인형을 받고 고맙다고 말한다.

"민정아 반가워~." 이번에는 서영이가 민정에게 인형을 던진다.
"고마워 서영아."
이번에는 인형을 던지며 실수에 대해 토의하기로 하였다.
"승철아 상대방이 실수했을 때 어떻게 하면 될까?"(승철이에게 던지며)
"선생님에게 말해요."
승철이가 현수에게 인형을 던져주자 현수가 다른 의견을 낸다.
"부모님이나 선생님보다 먼저 친구에게 내 감정을 먼저 말하는 것이 좋아."
인형은 민지에게 간다. 민지는 자기 경험을 말한다.
"내가 실수 했을 때 친구가 '괜찮다'라고 말해서 고마웠어."

실수가 무엇인지 묻자 상대에게 피해를 주고 불편하게 한 것이라고 한다. 꼬리를 무는 질문과 대답이 반 전체로 이어진다. 아이들이 실수할 때 지금 수업처럼 질문하고 대화하면서 풀면 좋겠다.

## 아이들과 함께 만들어 가는 그림책 놀이수업 교수 학습안

| 단계 | 그림책 놀이수업 교수·학습 활동 | 질문 | 놀이 |
|---|---|---|---|
| 도입 | ⊙ **학습문제 확인**<br>꼬리잡기 질문으로 대화해보자.<br><br>⊙ **(전체 질문)**<br>- 언제 왜냐면이라는 말을 하나?<br><br>⊙ **(놀이) 다까 왜다까 놀이**<br>- 다까 왜다까 놀이를 해보자. | 언제<br>왜냐면? | 다까 왜다까<br>놀이 |
| 전개 | ⊙ **(전체 질문)**<br>- 비가 왜 오냐는 말에 엄마는 무엇이라고 말할까?<br><br>⊙ **(놀이) 왜 그래요 놀이**<br>- 왜 그래요 놀이를 해보자.<br>(물고기는 왜 계속 씻어?)<br><br>⊙ **(짝 질문)**<br>- 내 바지도 고추밭 옆에서 자랐냐고 한 이유는 무엇일까?<br><br>⊙ **(전체 질문)**<br>- 엄마는 아들 실수에 어떻게 했나?<br><br>⊙ **(모둠 질문)**<br>- 내가 실수했을 때 어떻게 대화할까?<br><br>⊙ **(놀이) 인형 던지기 질문 놀이**<br>- 인형던지기 질문 놀이를 해보자. | 엄마는?<br><br><br><br>바지<br>고추밭?<br><br>아들 실수?<br><br>내가<br>실수하면? | 왜 그래요<br>놀이<br><br><br><br><br><br><br><br>인형 던지기<br>질문 놀이 |
| 마무리 | ⊙ **(질문, 놀이) 본깨적 놀이**<br>- 내가 알게 된 것을 본깨적 놀이로 발표해볼까?<br><br>**(손을 잡고)** 알궁근적 본깨적!<br>수업에서 본 것, 깨달은 것, 실천할 부분을 말함 | 알게<br>된 점? | 본깨적<br>놀이 |

## 그림책 놀이 방법

### 다까 왜다까 놀이

① '다'로 끝나는 문장을 말한다.
② 마지막 '다'를 '까'로 바꾼다.
   예) 학교에 왔습니다. → 학교에 왔습니까?
③ 문장 앞쪽에 '왜'를 넣어 질문을 만든다.
   예) 학교에 왔습니다. → 왜 학교에 왔습니까?

### 왜 그래요 놀이

① 상대에게 질문하며, 질문에 맞는 동작을 한다.
② 질문에 대한 답을 하면서 답과 관련된 동작을 한다.
③ 질문, 답을 연결하여 2개 이상 대답하면 이긴다.
   예) 철영 : 왜 물고기는 계속 씻어?(계속 씻는 동작)
   영미 : 몸에서 냄새가 나기 때문이야.(냄새 맡는 동작)
④ 규칙을 변경하여 내가 말한 동작을 상대방이 따라 하게 한다.

### 인형 던지기 질문 놀이

① 인형 가진 사람이 질문한다.
② 대답을 듣고 싶은 친구에게 인형을 던진다.
③ 인형을 받은 친구가 질문에 답을 하고, 또 다른 친구에게 던진다.
   예) 철수 : 승철아 상대방이 실수했을 때 어떻게 할까?
      (승철이에게 인형 던짐)
      승철 : 선생님에게 말해.(현수에게 던짐)

# 책은 어떻게 읽을까?
## 아름다운 책

《아름다운 책》ⓒ 클로드 부종, 비룡소

　《아름다운 책》은 책을 몰입하며 읽던 토끼 형제가 집에 침입한 여우를 책으로 물리치는 이야기다. 토끼 형제가 읽는 책 내용이 그림책에서 재미있게 펼쳐진다.
　형 에르네스트는 동생 빅토르에게 주운 책을 읽어준다. 아직 빅토르는 책이 무엇인지 잘 모른다. 그림과 형 에르네스트가 읽어주는 이야기를 들으며 내용을 받아들일 뿐이다. 저학년 아이들은 빅토르처럼 그림을 상상하며 내용을 즐긴다. 처음 책을 볼 때는 빅토르처럼 오감을 열어 있는 그대로 느끼면 좋다. 반면 형 에르네스트는 책 속 줄거리를 파악하고 핵심을 찾는다. 중심내용을 찾아 내 생각을 말하고 정리한다.

박상배가 지은 《본깨적》에는 책의 핵심을 있는 그대로 보는 '본', 자기 언어로 확대 재생산하여 깨닫는 '깨', 삶에 적용하는 '적'의 과정이 나온다.

책이 내 삶에서 의미 있는 존재가 되려면 작가 관점을 생각하며 읽어야 한다. 그래야 작가가 숨겨놓은 책 속 보물을 만난다. 책에 담긴 핵심 문장을 파악 후, 떠오르는 질문을 사색한다. 사색은 내 삶과 연결되면서 배움과 반성이 일어난다. 깨달음이 깊어져 삶이 성장한다.

깨달음이 좋은 습관이 되기 위해서는 종이에 쓰고 실천해야 한다. 매일 꾸준히 하는 것이 중요하다. 책을 하루 1쪽 이상 읽고 내 생각을 2줄 이상 쓰는 습관을 만들자. 울림으로 다가오는 문장을 적고, 떠오르는 생각을 적고 실천하면 책이 나를 변화시킨다.

아이들이 깊이 있는 독서가 가능하도록 학교에서 환경을 만들어야 한다. 매일 10분 독서는 책 읽는 즐거움, 지식, 상상력을 키운다. 비판적 사고 능력을 갖춘 창의 융합형 인재를 기른다. 아이들은 책 속 숨겨진 보물을 발견하면서 성장한다.

강아지똥의 친구가 된 민들레처럼, 책이 아이들에게 친구가 되게 하자. 책은 미로 같은 인생에서 길을 잃지 않게 하고, 바른 방향으로 나가게 하는 마법사다. 아이들이 자연에서 마음껏 뛰어놀면서 책을 읽는 환경을 만들자.

인생에서 좋은 일과 어려운 일은 번갈아 찾아온다. 에르네스트와 빅토르에게도 좋은 책을 읽는 행운과 여우를 만나는 어려움이 있었다. 책에 몰입하는 아이들은 인생에 찾아오는 여우를 물리치고 자기 길을 개척한다. 오늘도 그런 믿음을 가지고 아이들에게 그림책을 읽어준다.

 **수업 속으로**

그림책 제목이 왜 《아름다운 책》일까 물으니 책 안에 공주가 나올 것 같다고 한다. 토끼가 나온다고 하니 아이들이 웃는다. 왜 아름다운 책인지 찾아보자 했다. 책을 한 권 발견해 집에 가져온 토끼 에르네스트가 동생과 책을 읽는다. 여우가 싱싱한 당근 한 자루를 토끼에게 가져오는 장면이 나온다. 동생 빅토르는 맛있게 먹어야 한다고 하고, 형 에르네스트는 토끼에게 여우는 도망가야 하는 절대 변하지 않는 법칙이라 말한다. 아이들에게 물었다.

"여우의 당근은 어떻게 해야 하니?"

"피해야 합니다."

달콤하지만 우리 몸을 아프게 하는 여우의 당근 같은 것이 무엇일까 물었다. 몸에 좋지 않은 음식, 핸드폰이 나온다. 하나만 뽑자고 하니 핸드폰이 뽑힌다.

교실의 변하지 않는 법칙도 물었다.

"교실에서 변하지 않는 법칙은 무엇일까?"

"집중해서 수업에 참여하는 것입니다."

"친구가 발표할 때 끼어들지 않는 것입니다."

"여자 아이들이 저를 싫어하고 함부로 대하는 거요."

그 순간 여자아이들이 일제히 준철이를 쳐다보며 어이없는 표정을 짓는다.

"니가 먼저 약 올리고 메롱이라고 했잖아." 보라가 말한다.

"준철아. 보라가 뭐라고 했어."

"약 올린다고 했어요. 약을 올리긴 했는데 보라가 '꺼져'라고 했어요."

보라에게 그런 말 했냐고 물으니 했다고 한다. 왜 그랬냐고 물으니 노는 것을 방해한다고 말한다.

"보라가 준철이 입장이라면 '꺼져'란 소리에 어떤 마음이 들까?"

"속상하고 짜증 날 것 같아요."

서로 으르렁대던 아이들이 상대방 입장을 이해한다.

"우리가 서로 어떤 노력을 하면 좋을까?"

"서로 배려해야 해요. 잘못했을 때 웃으면서 장난치지 말아야 해요."

"실수했을 때 '꺼져'란 말을 안 하고 힘을 주는 말을 하면 좋겠어요."

"우리 서로 힘을 주는 말을 해볼까?"

"준철아 울지마, 힘을 내. 다음부터 잘 지내자."

아이들끼리 힘을 주는 말이 오가며 미안함이 눈물로 흐른다.

토끼, 여우 굴 놀이를 하였다. 토끼가 도망가고 여우는 쫓는다. 토끼는 두 사람이 양손으로 만든 토끼 굴에 들어가야 한다. 토끼가 토끼 굴에 들어가 한 사람 손을 잡으면 등을 지고 있는 친구가 토끼가 된다. 놀이 중간에 토끼를 한 마리에서 두 마리로 늘려 더 많은 아이가 참여하도록 하였다.

토끼가 무시무시한 초록용을 때려눕히는 장면에서 빅토르는 책 내용을 그대로 상상했다. 반면 형인 에르네스트는 책을 그대로 믿지 말고 스스로 판단하라고 한다.

"빅토르는 책을 어떻게 읽니?"

"꿈을 꾸면서 있는 그대로 믿어요."

"에르네스트는 책을 어떻게 읽니?"

"꿈을 꾸는 것은 좋지만 책 내용을 그대로 믿지 않고 판단하며 읽어요."

'빅토르처럼 읽는다' 7명, '에르네스트처럼 읽는다'에 6명이 손을 든다. 책은 빅토르처럼 있는 그대로 읽고, 에르네스트처럼 비판적 사고로 내 생각과 느낌, 배울 점, 반성, 질문을 하면 좋다. 그 과정에서 깨달음을 얻으면 실천하는 삶을 살자고 했다.

토끼가 무서운 사자와 여우를 훈련시키며 좋아하는 장면에서 질문했다.

"왜 기분이 좋았을까?"

"무서운 사자와 여우가 토끼 말을 듣기 때문입니다."

현실에서 토끼가 사자와 여우를 보면 도망쳐야 한다고 한다. 아이들이 도망치고 싶은 것을 짝끼리 말하게 했다. 숙제, 공부로부터 도망가고 싶고 게임을 하고 싶다 한다. 중요하지만 머리 쓰는 것은 피하고 싶어 하는 것이 보인다.

"어른이 되어 직업 없이 계속 게임만 해도 행복할까"란 질문에 처음엔 재미있겠지만 사회에 적응하지 못할 것 같다는 대답이 나온다. 공부는 싫어도 해야 하는 중요한 것이라고 한다.

토끼가 눈알 굴리기 운동을 한 것처럼, 눈 운동 후 탑 쌓기 놀이를 하였다.

"내가 버려야 할 것, 미운 것을 생각해. 눈동자를 왼쪽, 오른쪽, 왼쪽, 오른쪽, 왼쪽, 45도 오른쪽 위로 올리면서 나쁜 생각을 하늘로 던져. 모둠으로 모여 책상 위 가상의 점을 잡아야 해. 그림책에 나오는 동물로 손바닥 탑 쌓기. 시작!"

"여우, 사자, 토끼."

아이들이 탑을 쌓는다. 손을 제일 위에 둔 진영이가 토끼, 사자, 여우를 말하며 탑을 해체한다. 토끼 형제 이름, 그림책 속 물건으로 탑 쌓기 놀이를 계속 했다.

여우가 토끼 굴에 나타나 도망칠 수 없는 상황이다. 가진 것은 책 한 권 밖에 없는 위기상황을 어떻게 극복할지 모둠토의 했다.

"책으로 때려 눕힙니다."

"책 먹는 여우처럼 책을 먹으라고 합니다."

책으로 여우 머리를 내리치고, 여우 주둥이에 쑤셔 박아 위기를 해결하니 아이들이 좋아한다. 책을 읽은 후 왜 '아름다운 책'인지 물었다. 책을 통해 마음이 성장하고 토끼 목숨을 구했기 때문이라 한다.

책으로 가능한 동작을 몸으로 표현하였다. 까부는 준철이 행동이 재미있는 동작으로 표현되자 아이들이 웃는다. 장난끼가 수업에서 재능으로 발휘된다. 책이 식탁 받침, 책 베개, 책 도미노, 화장실 휴지 등 다양하게 표현된다. 아이들 얼굴에 퍼진 웃음이 나에게도 전달된다.

## 아이들과 함께 만들어 가는 그림책 놀이수업 교수 학습안

| 단계 | 그림책 놀이수업 교수·학습 활동 | 질문 | 놀이 |
|---|---|---|---|
| 도입 | ⊙ 학습문제 확인<br>**책을 어떻게 읽을지 알아보자.**<br><br>⊙ (전체 질문)<br>- 그림책 제목이 왜 아름다운 책일까? | 왜 아름다운 책? | |
| 전개 | ⊙ (전체 질문)<br>- 여우의 당근은 어떻게 해야 하나?<br>- 교실에서 변하지 않는 법칙은 무엇일까?<br><br>⊙ (놀이) 토끼굴 놀이<br>- 토끼굴 놀이를 해보자.<br><br>⊙ (전체 질문)<br>- 빅토르와 에르네스트는 책을 어떻게 읽나?<br><br>⊙ (짝 질문)<br>- 현실에서 사자와 여우를 보면 어떻게 할까?<br><br>⊙ (전체 질문)<br>- 내가 도망치고 싶은 것은?<br><br>⊙ (놀이) 손바닥 탑 쌓기 놀이<br>- 손바닥 탑쌓기 놀이를 해보자.<br><br>⊙ (모둠 질문)<br>- 여우가 토끼 굴에 나타날 때 위기 해결 방법은?<br><br>⊙ (놀이) 책 변신 놀이<br>- 책 변신 놀이를 해보자. | 여우 당근?<br>교실 법칙?<br><br><br><br>책 읽기?<br><br>사자,여우?<br><br>도망?<br><br><br><br>위기극복? | 토끼 굴 놀이<br><br><br><br><br><br><br>손바닥 탑 쌓기 놀이<br><br><br>책 변신 놀이 |
| 마무리 | ⊙ (질문, 놀이) 본깨적 놀이<br>- 내가 알게 된 것을 본깨적 놀이로 발표해볼까?<br><br>**(손을 잡고)** 알궁근적 본깨적!<br>수업에서 본 것, 깨달은 것, 실천할 부분을 말함 | 알게 된 점? | 본깨적 놀이 |

## 그림책 놀이 방법

### 토끼 굴 놀이

① 토끼와 여우를 정한다.
② 여우는 술래가 되어 토끼를 쫓아간다.
③ 토끼는 여우 굴로 도망간다. 토끼가 굴에 들어가 한 사람 손을 잡으면 반대편 사람이 토끼가 되어 도망간다.
④ 여우가 토끼를 잡으면, 토끼, 여우 역할이 바뀐다.

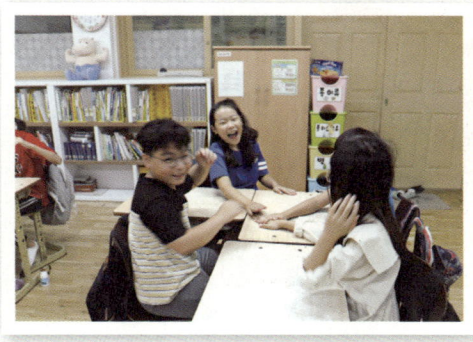

### 손바닥 탑쌓기 놀이

① 눈 운동을 한다.
② 사회자가 문제를 낸다.
③ 정답을 말하며, 정해진 장소에 손바닥으로 탑을 쌓는다.
④ 마지막에 말하는 친구가 모둠에서 나온 내용을 말한다.

### 책 변신 놀이

① 책으로 가능한 일을 몸으로 표현한다.
② 표현 동작을 보고 책으로 하는 일을 맞춘다.
③ 맞춘 친구가 앞에서 책으로 하는 일을 몸 표현한다.
④ 문제를 맞춘 아이는 문제를 다른 친구에게 양보해도 된다.
　예) 손을 얼굴 쪽에서 흔든다.
　　　"부채" "정답입니다."

## 05

# 책을 읽고 협력하면 어떤 결과가 생길까?

## 책 읽는 두꺼비

《책 읽는 두꺼비》ⓒ 클로드 부종, 비룡소

　《책 읽는 두꺼비》는 책을 좋아하는 두꺼비와 제멋대로인 주인 마녀가 갈등을 해결하고, 서로 협력하는 과정에서 행복해지는 이야기다. 두꺼비는 책 읽는 것이 취미다. 주인 마녀는 두꺼비가 책에 몰입할 때 마음대로 데려가 마법 약을 만들게 한다. 마녀 명령에 따라 자기 침을 짜내던 두꺼비는 창문으로 도망가 버린다.

이 장면에서 공부하라고 명령하는 어른들로 인해 상처받는 아이들이 떠올랐다. 아이를 억지로 책상으로 데려가 앉힐 수는 있지만, 아이는 두꺼비처럼 탈출한다. 힘들어하는 아이에게 마지막까지 힘내서 공부하라는 말은 집을 감옥으로 느끼게 한다.

어른이라면 아이가 좋아하는 것이 무엇인지 관심을 가져야 한다. 아이가 몰입할 때는 방해하지 말아야 한다. 아이를 위한다는 말과 행동이 아이에게 깊은 상처를 준다. 아이가 원하는 것이 무엇인지 이야기를 듣고 아이 감정을 공감하는 것이 최우선이다. 어른으로 실수한 것이 있으면 진심으로 사과해야 한다. 그러면 아이 가슴이 따뜻해지고, 어른 말이 아이에게 제대로 전달된다.

엉터리 약 때문에 왕궁 심부름꾼에게 맞은 마녀는 두꺼비에게 잘못을 인정한다. 두꺼비는 마법 약을 만드는 책을 읽은 후, 마녀에게 비법을 알려준다. 마녀는 새로운 마법 약을 만들어 유명해진다.

그 과정에서 신기한 일이 있다. 책에서 방법을 찾은 두꺼비는 한 번에 침을 뱉어 마법 약을 완성한다. 마녀가 침을 뱉으라고 할 때 나오지 않던 침이 한 번에 나온 것이다. 이처럼 수업도 아이 흥미를 통해 스스로 참여하게 하면 좋은 결과가 만들어진다.

《책만 보는 바보》에 나오는 이덕무는 책 읽는 두꺼비 같은 분이다. 이덕무는 '청장서옥'이라 불리는 서재 벽에 해시계를 만들어 날마다 정한 시간에 책을 읽었다. 굶주릴 때, 추울 때, 괴로울 때, 아플 때도 책을 읽고 견뎠다. 책 속에서 그의 세상은 끝도 없이 넓었다. 이덕무는 서자 출

신임에도 규장각 검서관으로 임명되어 정조를 돕는다. 정조는 이덕무 아들을 검서관으로 특별 임명할 만큼 이덕무의 능력을 높이 평가하였다. 책 읽는 두꺼비가 마녀를 도와 서로 유익을 준 것처럼 이덕무와 정조도 서로 도움을 주었다.

  책만 읽는 두꺼비는 책 속에 길이 있음을 보여준다. 책은 보물지도와 같다. 책을 읽다 보면 보석 같은 생각이 떠오른다. 책을 스스로 읽는 아이들은 생각이 깊어진다. 새벽 독서반 아이들이 깊이 있게 말하는 모습이 예쁘다.

 **수업 속으로**

그림책 읽기 전 퀴즈를 냈다.

"선생님이 문제 낼게. 이것은 마녀가 만든 약이야.

첫번째 약은 써(검지 손가락을 가리키며), 두 번째 약은 값이 싸(중지 손가락을 가리키며), 세번째 약은 몸을 튼튼하게 해(약지 손가락을 가리키며), 자! 네 번째 약은 비싸(새끼 손가락을 가리키며) 이 중에서 가장 좋은 약은 몇 번째일까?"

세 번째가 가장 많이 나온다.

"아니야. 답은 네 번째 약이야."

답 찾는 것을 힘들어하는 아이들에게 반복해 문제를 냈다.

철규가 '자'를 붙인 약이 가장 좋은 약이라는 원리를 맞힌다. 이어 다른 문제를 냈다.

"두꺼비가 폴짝폴짝 뛰어 집에 왔어. 책을 읽었을까? 읽지 않았을까?"

"책을 읽었어요. 먼저 나오는 것이 답이에요." 이번에는 바로 맞힌다.

두꺼비가 재미있게 책을 읽는데 주인 마녀가 두꺼비에게 일을 시키는 부분에서 질문했다.

"지금 두꺼비 기분이 어떨까?"

"기분이 좋지 않아요. 자기 일을 방해 받았기 때문이에요."

"내 일을 방해 받아 두꺼비처럼 속상했던 기억이 있니?"

"친구와 카톡 하는데 엄마가 공부하라고 핸드폰을 가져갔을 때요."

"아~, 맞다 맞아."

핸드폰 부분에서 아이들이 공감한다.

마법 약을 완성하기 위해 마지막 두꺼비 침을 넣는 장면에서 질문했다.

"이 침은 무엇과 같을까?"

"고추장이요. 비빔밥도 고추장이 있어야 완성돼요."

"두꺼비 침이 마법 약에서 정말 중요하네. 내가 가진 것에서 두꺼비 침처럼 중요한 장점은 뭘까?"

짝끼리 토의하고 서주가 말한다.

"저는 장점이 없는 것 같아요."

서주 장점을 아이들에게 말해 보라 했다. 친구를 배려한다. 활발하다. 글씨를 잘 쓴다. 똑똑하게 말한다. 친구를 공평하게 대한다. 배드민턴을 잘 친다. 친구 말을 공감한다. 경청을 잘한다 등 많은 칭찬이 나왔다.

"서주야. 다른 친구들 이야기를 들으니 어떠니?"

"친구들이 고마워요."

"선생님도 서주가 친구를 배려하는 모습이 멋지더라."

하영이가 내 말을 이어 말한다.

"서주는 친구 누구라도 '놀자'라고 하면 놀이 중간이라도 함께 놀아요."

"서주는 장점이 없는 것이 아니라 장점을 발견하지 못했을 뿐이네."

서주가 부끄러워하며 웃는다.

두꺼비는 개구리들이 버글거리는 연못으로 달아났지만, 책을 넣은 덫 때문에 붙잡힌다. 이제 두꺼비는 마녀 머리에 묶여 도망갈 수 없는 신세가 된다.

책 읽는 두꺼비 가위바위보 놀이를 하였다. 각 모둠에서 그림책 10권을 골랐다. 모둠 중 한 명은 책 읽는 두꺼비가 되어 10권의 그림책을 가지고 있게 했다. 나머지 친구들은 모둠 책 읽는 두꺼비에게 책을 받아 다른 모둠 친구와 가위바위보를 했다. 가위바위보를 진 아이는 상대에게 책을 주고, 자기 모둠 책 읽는 두꺼비에게 책을 다시 받는다. 이긴 아이는 친구에게 받은 책을 자기 모둠 책 읽는 두꺼비에게 주었다. 4명이 번갈아 가며 책 읽는 두꺼비 역할을 한 번씩 했다.

얼마 뒤 왕궁 심부름꾼이 마녀를 찾아온다. 성가신 공주가 천 년 동안 잠드는 약을 먹은 후, 오히려 말똥해졌다고 복수의 주먹을 마녀에게 날린 장면에서 질문했다.

"말도 못 하게 성가시게 군다고 천 년 동안 잠들게 하면 되니?"

모두 안 된다고 말한다. 질문을 살짝 바꾸었다. 만약 반에서 누가 나를 계속 성가시게 하면 어떻게 할지 모둠끼리 토의하라고 했다. 자기 문제가 되니 의견이 갈린다.

"말도 못 하게 성가시게 하는 친구는 재워야 한다고 생각해요. 우리가 활동하는 것을 방해하니까요."

"잠드는 약이 아니라 배려의 약을 만들어주면 좋아요."

"재우지 않고 같이 놀아요. 놀 때 계속 성가시게 하면 배려를 부탁해요. 부탁했는데 안 되면 선생님께 말한다고 안내해요."

복수의 주먹을 맞은 마녀는 두꺼비에게 고민 상담을 한다. 두꺼비는 비법이 책 속에 있으며 함께 일하자고 한다.

"마녀와 두꺼비가 협력하게 된 이유는 무엇일까?"

"마녀가 두꺼비에게 잘못을 인정했기 때문이에요. 이후에는 두꺼비가 좋아하는 책을 읽게 했어요."

자존감이 높은 사람은 자기 잘못을 빨리 인정한다고 말했다. 그러자 아이들이 마녀도 더 일찍 잘못을 인정하고 두꺼비와 협력하면 좋았을 것이라고 한다.

두꺼비가 책을 읽고 협력한 결과를 물었다. 두꺼비는 좋아하는 책을 읽고, 마녀는 좋은 마법 약을 만든다고 한다. 교실에서도 책을 읽고 협력하면 웃음꽃이 핀다고 했다.

아이들에게 책이란 무엇인가 질문했다.

"재미요. 처음에는 읽는 것이 힘든데 나중에는 재미에 빠져요."

"호기심입니다. 책을 읽다 보면 호기심이 생깁니다."

"지식이에요. 책을 좋아하면 수업 시간 발표하기가 쉬워요."

발표가 끝나고 나서 모둠끼리 협동하여 책 탑 쌓기를 하였다. 무작정 높게 쌓아 올리다 보니 자꾸 무너진다. 그러자 어떻게 하면 높게 쌓을지 토론한다. 아이들이 이 순간 토론의 중요성을 배운다.

혼자 하는 것이 아니라 협력하는 모습이 예쁘다. 책 탑이 올라가듯 아이도 성장해 세상을 지혜롭게 살아가면 좋겠다.

## 아이들과 함께 만들어 가는 그림책 놀이수업 교수 학습안

| 단계 | 그림책 놀이수업 교수·학습 활동 | 질문 | 놀이 |
|---|---|---|---|
| 도입 | ⊙ **학습문제 확인**<br>책을 통해 협력하는 과정과 결과를 알아보자.<br><br>⊙ **(놀이) 창의 퀴즈 놀이**<br>- 창의 퀴즈 놀이를 해보자. | | 창의 퀴즈 놀이 |
| 전개 | ⊙ **(전체 질문)**<br>- 두꺼비 기분은?<br>- 두꺼비 침은 무엇과 같을까?<br>⊙ **(짝 질문)**<br>- 내가 가진 장점은 뭘까?<br>⊙ **(전체 질문)**<br>- 마녀는 도망친 두꺼비를 어떻게 잡을까?<br>⊙ **(놀이) 책 읽는 두꺼비 가위바위보 놀이**<br>- 책 읽는 두꺼비 가위바위보 놀이를 해보자.<br>⊙ **(모둠 질문)**<br>- 공주가 성가시게 군다고 천 년 동안 잠들게 하면 되나?<br>- 반에서 누가 나를 계속 성가시게 하면?<br>⊙ **(전체 질문)**<br>- 두꺼비와 마녀가 협력하는 이유는?<br>- 두꺼비가 책을 읽고 협력한 결과는?<br>- 나에게 책이란?<br>⊙ **(놀이) 책 탑 쌓기 놀이**<br>- 책 탑 쌓기 놀이를 해보자. | 두꺼비 기분?<br>두꺼비 침?<br><br>내 장점?<br><br>두꺼비 잡기?<br><br><br><br>천 년 잠?<br>성가시게 하면?<br><br>협력 이유?<br>협력 결과?<br>책이란? | 책 읽는 두꺼비 가위바위보 놀이<br><br><br><br><br>책 탑 쌓기 놀이 |
| 마무리 | ⊙ **(질문, 놀이) 본깨적 놀이**<br>- 내가 알게 된 것을 본깨적 놀이로 발표해볼까?<br><br>**(손을 잡고)** 알궁근적 본깨적!<br>수업에서 본 것, 깨달은 것, 실천할 부분을 말함 | 알게 된 점? | 본깨적 놀이 |

## 그림책 놀이 방법

### 창의 퀴즈 놀이

① 소리를 듣고 문제에 대한 답을 맞힌다.
② '자'라는 말을 하고 나온 내용이 정답이 되는 문제를 낸다.
③ 먼저 말한 내용이 정답이 되는 문제를 낸다.

### 책 읽는 두꺼비 가위바위보 놀이

① 모둠에서 그림책 10권을 고른다.
② 모둠에서 한 명씩 돌아가며 책 읽는 두꺼비를 한다. 책 읽는 두꺼비는 모둠 친구들에게 책을 한 권 준다.
③ 다른 모둠 아이들과 가위바위보를 한다.
④ 이긴 아이는 책을 받아 두꺼비에게 주고, 지면 두꺼비에게 책을 받는다.

### 책 탑 쌓기 놀이

① 책 권수를 정해 두고 책 탑 쌓기를 한다고 말한다.
② 모둠끼리 도서관에서 책을 대략 10권 뽑는다.
③ 모둠에서 협동하여 책을 쌓는다.
　예) 가장 창의적인 책 탑, 가장 높게 쌓은 책 탑, 가장 아름다운 책 탑, 가장 낮은 책 탑 등 여러 기준을 정해 칭찬한다.

## 06

# 책 읽기를 위해 어떤 노력을 할까?
## 책 읽는 유령 크니기

《책 읽는 유령 크니기》ⓒ 벤야민 좀머할더, 토토북

《책 읽는 유령 크니기》는 내용이 보이지 않는 책을 읽기 위해 고민하던 크니기가 책 읽는 방법을 깨달아 행복한 책 읽기를 하는 내용이다. 2011년 스위스에서 가장 아름다운 그림책으로 선정되었다.

크니기는 이모에게 선물 받은 책을 읽고 싶지만 책 속은 비어 있다. 도서관 책, 베개 아래 넣어둔 책, 최면을 걸은 책도 비어져 있다. 책을 보고 싶은 크니기 노력은 계속 이어진다. 책에 적힌 것을 찾기 위해 계속 몰입하던 크니기는 어느 순간 불꽃놀이처럼 황홀한 책 읽기를 한다.

《공부하는 힘》을 지은 황농문 교수는 몰입은 행복한 경험을 반복해 만든다고 했다. 크니기는 책을 읽는 방법을 찾고자 몰입하면서 행복한 경험을 맛보았다. 몰입 후 책을 읽게 되었을 때 기쁨은 배가 되었을 것이다.

운동장에서 맨발 걷기를 하며 책을 볼 때가 있다. 중요한 구절을 읽은 후, 책을 덮고 걸으며 저자와 대화한다. 궁금한 것을 보이지 않는 저자에게 질문하면 깨달음이 온다. 깨달음을 실천하려는 마음을 품는 순간 어떤 외로움도 이길 힘이 생긴다.

워렌버핏과 점심 식사 경매금액이 50억을 넘겼다. 식사 경매에 성공한 사람은 워렌버핏과 만나 식사를 하며 평소 풀리지 않은 문제를 질문할 것이다. 가슴 떨리는 순간은 50억도 아깝지 않게 한다. 그런데 만오천 원으로 워렌버핏 같은 전문가를 만나는 방법이 있다. 바로 그가 쓴 책을 읽으면 된다. 소크라테스 제자 플라톤이 쓴 《소크라테스의 변명》을 읽으면 법정에서 소크라테스의 변론을 듣는 착각에 빠진다.

아이들은 책보다 유튜브를 좋아한다. 이런 특성을 가진 아이에게 무작정 책을 읽으라고 강요하면 책을 더 멀리하게 된다. 아이들이 미디어보다 책 읽기를 좋아하려면 몰입할 기회를 만들어주어야 한다. 크니기가 느낀 책에 대한 감격을 아이들이 경험해야 한다. 질문과 놀이가 결합된 그림책 수업은 아이들이 책에 대한 좋은 생각을 갖게 한다.

크니기가 책에서 느꼈던 불꽃놀이 같은 행복을 아이들도 경험하도록 고민한다. 그런 순간을 만난 아이들은 책 읽기를 평생 습관으로 만든다. 그런 기대를 품고, 오늘도 아이들에게 한 권의 그림책을 읽어준다. 읽는 내내 봄 햇살이 비치듯 마음이 따뜻하다.

 # 수업 속으로

"넌센스 퀴즈 내 볼게. 기러기를 거꾸로 하면?" "기러기"
"토마토를 거꾸로 하면?" "토마토"
"쓰레기통을 거꾸로 하면?" "통기레쓰!"
"쓰레기통을 거꾸로 하면 쓰레기가 쏟아지지."
"아~ 아재 개그." 아이들이 웃으며 말한다.
"스위스를 거꾸로 하면?" 순간 아이들이 고민을 한다.
"스위스는 거꾸로 못해요"라는 말과 작게 "스위스"라는 말이 나온다.
내가 답을 스위스라고 하자, 아이들이 "우리 낚인 거야?"하며 웃는다.

오늘 읽을 그림책이 스위스에서 가장 아름다운 책으로 뽑혔다고 말하자 아이들이 '책 읽는 유령 크니기'에 관심을 보인다. 아벨 이모에게 선물 받은 책을 보고 크니기 고민이 뭘까 물으니 책을 읽지 못하는 것이라 한다.

"크니기가 책을 읽기 위한 노력은 뭘까?"
"도서관에 가서 책을 찾아보고 최면을 걸었어요."
"잘 때 베개 밑 책을 베개 아래에 두고 잤어요."
"그렇지~, 참 많은 노력을 했구나."
크니기는 노력을 해도 책을 읽지 못한다. 어느덧 그림책 마지막 장면까지 왔다. 책을 읽을 테니 몸짓으로 표현하라고 했다.
"더 이상은 못 참겠어. 나도 할 만큼 했다고! 책 때문에 끙끙대느니, 다른 걸 하면서 놀 거야. 크니기는 방구석으로 책을 던지고 벌러덩 누워 버렸어요. 그러고는 곧 사르르륵 꿈속으로 빠져들었지요. 사락사락…… 사락……사락……."
몸이 늘어져 있던 나진이가 멋지게 몸짓으로 표현한다. 나진이 외 3명이 대표로 몸짓 발표를 했다. 이후 크니기가 기적처럼 책을 읽은 부분에서 아이들이 환호성을 지른다.
크니기가 책 읽는 것을 포기하지 않은 것처럼 내가 포기하지 않는 것을 짝과 토의하라고 했다.
"저는 포기하지 않고 연습해 두 발 자전거를 탈 수 있게 되었어요."
"자전거 브레이크가 고장 났는데 엄마도 고치지 못한 것을 제가 고쳤어요."
다양한 경험이 아이들 입에서 나온다.

이 후 일심동체 퀴즈놀이를 하였다.
"정답을 알면 '선생님 사랑해요'를 외쳐야 해. 발언권을 얻은 모둠에서 한 명에 한 글자씩 말하면 돼. 이 아이는 포기하지 않아. 이 아이는 책을 읽어. 이 아이는 유령이야."
"선생님 사랑해요~ 크! 나!."
"아니야."
"선생님 사랑해요~ 크! 니! 기!"
"정답!"

"다음 문제. 크니기는 포기하지 않고 책을 읽으려고 했어. 첫 번째는 도서관, 두 번째는 책을 베개 밑에 두고 잤고, 세 번째는 책에 이것을 걸었어."

"선생님 사랑해요. 최! 면! 술!"

"정답!"

'아하, 이제야 책 읽는 법을 알았어요! 책은 눈으로만 읽는 게 아니었어요.'

"책을 눈으로만 읽는 것이 아니면 어떻게 읽어야 해?"

"마음으로 읽어야 해요!"

"마음으로 어떻게 읽어?"

"보이지 않는 부분을 상상하면서 읽어야 해요."

상상해야 책이 재미있고, 재미있으면 책 내용이 잘 보인다고 한다.

크니기를 생각하며 책 읽기에 도전하자고 했다. 어떻게 책 읽기를 할지 모둠끼리 토의했다.

"책을 읽겠다고 다짐하고 노력합니다. 책을 하루에 30분 읽습니다."

"책을 하루에 한 권씩 읽고 글쓰기를 합니다."

아이 말을 듣고 읽은 책 제목과 한 줄 느낌을 적어 발표하라고 했다.

"크니기는 끈기가 많은 것 같다. 내가 포기하지 않으면 좋은 일이 생겨."

"책은 마음으로 읽으면 더 잘 보여."

"여러분 이야기를 들으니 책 읽기는 중요하네. 이 시간 포기하지 않는 크니기를 모셔볼까 하는데 같이 크니기를 크게 불러볼까?"

아이들이 크니기를 크게 부른다.

빈 의자를 가지고 와서 "안녕하세요"라고 말한 후 크니기 목소리로 "안녕하세요"라고 말했다.

"크니기 가만 있어요. 물구나무서면 안 돼요." 아이들이 웃는다.

"크니기는 왜 포기하지 않았어요?"

"나는 포기란 없어요."

"어떻게 포기하지 않는 마음을 가졌어요?"

"나는 긍정의 마음으로 도전해요."

"여러분이 질문해 볼까?"

빈 의자에 아이들 질문이 쏟아진다.

"몇 살이야? 왜 책을 좋아하니? 학교에서 인기 많아? 가장 좋아하는 책은?"

이후 몸 표현을 잘한 나진이를 빈 의자에 앉게 하여 크니기 역할을 하게 했다.

"어떻게 책 읽기를 포기하지 않니?"

"포기하지 않으면 책을 읽을 수 있다는 자신감이 있었어."

"책이 얼마나 재미있어?"

"말을 못 할 정도로 재미있어. 어느 순간 책을 마음으로 읽다 보면 행복해져."

책을 읽기 위한 노력을 아이들에게 질문하니 집에서 10분 독서를 하겠다고 한다. 이후 책을 힘들어 하던 나진이가 책을 사랑하는 크니기처럼 새벽 독서에 참여하였다. 이런 변화가 나에게 감동으로 다가온다.

## 아이들과 함께 만들어 가는 그림책 놀이수업 교수 학습안

| 단계 | 그림책 놀이수업 교수·학습 활동 | 질문 | 놀이 |
|---|---|---|---|
| 도입 | ⊙ 학습문제 확인<br>**책 읽기를 어떻게 하는지 알아보자.**<br>⊙ (놀이) 로꾸거 퀴즈 놀이<br>- 로꾸거 놀이를 해보자. | | 로꾸거<br>퀴즈놀이 |
| 전개 | ⊙ (전체 질문)<br>- 꼬마 유령의 이름은?<br>- 크니기가 받은 생일 선물은?<br>- 크니기는 책을 읽기 위해 어떤 노력을 했나?<br><br>⊙ (짝 질문)<br>- 크니기처럼 포기하지 않은 것은?<br><br>⊙ (놀이) 일심동체 퀴즈 놀이<br>- 일심동체 퀴즈 놀이를 해보자.<br><br>⊙ (모둠 질문)<br>- 어떻게 책 읽기를 할까?<br><br>⊙ (놀이) 빈의자 핫의자 놀이<br>- 빈의자 핫의자 놀이를 해보자. | 유령 이름?<br>생일 선물?<br>크니기 노력?<br><br>포기하지<br>않은 것?<br><br><br><br>어떻게<br>책 읽기? | 일심동체<br>퀴즈<br>놀이<br><br>빈의자<br>핫의자 놀이 |
| 마무리 | ⊙ (질문, 놀이) 본깨적 놀이<br>- 내가 알게 된 것을 본깨적 놀이로 발표해볼까?<br><br>(손을 잡고) 알궁근적 본깨적!<br>수업에서 본 것, 깨달은 것, 실천할 부분을 말함 | 알게<br>된 점? | 본깨적<br>놀이 |

## 그림책 놀이 방법

### 로꾸거 놀이

① 글씨를 거꾸로 말하게 하는 퀴즈를 낸다.
② "기러기를 거꾸로 하면?" "기러기"
③ "쓰레기통을 거꾸로 하면?" "통기레쓰!"
"쓰레기통을 거꾸로 하면 쓰레기가 쏟아집니다."
④ "스위스를 거꾸로 하면?"
– 아이들이 어떻게 말할지 고민할 때 스위스라고 말한다.

### 일심동체 퀴즈 놀이

① 일심동체 퀴즈를 낸다.
② 정답을 아는 아이가 "선생님 사랑해요"라고 말한다.
③ 한사람이 한 글자씩 정답을 말한다.
④ 답이 여러 개인 경우는 한 명이 하나씩 단어를 말한다.

### 빈의자 핫의자 놀이

① 빈 의자에 주인공이 있다고 아이에게 말한다.
② 빈 의자를 향해 아이들이 질문한다.
③ 핫의자에 책 속 인물이 되어 앉는다.
④ 의자에 앉은 인물에게 질문하면, 앉은 아이가 인물이 되어 대답한다.

## 에필로그

　남들보다 10년 늦게 교대에 입학해, 놀이와 상담을 준비했습니다. 놀이책을 사고, 놀이 연수를 들었습니다. 임용 준비에 한창이던 4학년 여름방학에는 놀이 강사가 되었습니다.
　대학 시절 집단상담 초급, 중급, 고급, 코리더 과정을 수료한 후 상담자료집 제작과 집단상담을 진행했습니다.

　교사가 되어 놀이와 상담은 교실놀이, 셀프리더십으로 변했습니다.
　여기에 질문과 그림책이 더해져 《그림책 놀이수업의 기적》이 되었습니다.
　《그림책 놀이수업의 기적》은 "아이가 책과 친해지려면 어떻게 할까?" 고민하는 과정에서 나왔습니다. 긍정, 비전, 진로, 시간, 문제해결, 독서, 공부, 우정, 사랑에 대한 나만의 답을 찾아 아이들과 떠나는 행복한 여행입니다.
　이 책을 읽으시는 분들도 저와 같은 마음으로 아이들과 행복한 여행을 떠나면 좋겠습니다.

　책이 나오게 해주신 하나님께 영광을 돌립니다.
　저를 지지해주는 가족에게 사랑의 마음을 전합니다.
　대구남덕초등학교 제자들이 생각납니다.
　"너희와 진행한 수업이 책이 되었어. 함께 했던 순간이 행복이었다."

아이들이 행복한 학교를 위해 함께 웃고 울었던 전경희 교장선생님, 나눔을 실천하는 자기경영의 대가 강규형 대표님, 아동중심교육을 사랑으로 알려주신 유승희 교수님, 성용구 교수님, 스승의 본을 삶으로 살아가신 박주정 교육장님 감사합니다.

추천사를 써 주신 권일한 선생님, 김대조 선생님, 김원아 선생님, 최원일 선생님, 허승환 선생님 고맙습니다.

책을 출간해 주신 애플씨드북스 류경희 대표님 감사합니다.

저와 연결된 모든 분께 고마움을 전합니다.

## 참고 문헌

강규형(2013), 《바인더의 힘》, 스타리치북스.
공자(2005), 《논어》, 홍익출판사.
권태선(2010), 《장애를 넘어 인류애에 이른 헬렌 켈러》, 창비.
기시미이치로·고가후미타케(2014), 《미움받을 용기》, 인플루엔셜.
김구(2002), 《백범일지》, 돌베개.
나시아아리에(2019), 《목요일의 사총사》, 시공주니어.
넬슨 만델라(203), 《넬슨 만델라》, 두레아이들.
로버트 H 슐러(2012), 《불가능은 없다》, 지성문화사.
루시 모드 몽고메리(2008), 《빨간 머리 앤》, 인디고.
루이스 세뿔베다(2015), 《갈매기에게 나는 법을 가르쳐준 고양이》, 바다출판사.
모치즈키 도시타카(2017), 《보물지도》, 나라원.
박상배(2013), 《본깨적》, 예담.
브로니웨어(2013), 《내가 원하는 삶을 살았더라면》, 피플트리.
빅터 프랭클(2005), 《죽음의 수용소에서》, 청아출판사.
빌 비숍(2001), 《관계우선의 법칙》, 작가정신.
사라 이마스(2014), 《유대인 엄마의 힘》, 예담.
생텍쥐페리(2015), 《어린왕자》, 열린책들.
서영선(2013), 《스마트폰이 먹어치운 하루》, 팜파스.
스펜서 존슨(2011), 《선물》, 랜덤하우스코리아.
안소영(2005), 《책만 보는 바보》, 보림.

엘윈브룩스 화이트(2018), 《샬롯의 거미줄》, 시공주니어.
윌리엄H.맥레이븐(2017), 《침대부터 정리하라》, 열린책들.
이솝(2008), 《이솝 이야기》, 어린이작가정신.
이인희(2015), 《교실놀이, 수업에 행복을 더하다》, I-Scream.
이인희(2017), 《내 인생의 주인공은 나야 나》, 노란우산.
이호철(2015), 《이호철의 갈래별 글쓰기 교육》, 보리.
정지아(2006), 《슈바이처》, 랜덤하우스코리아.
제인 넬슨(2014), 《학급긍정훈육법》, 에듀니티.
조셉 머피(2011), 《잠재의식의 힘》, 미래지식.
켄 블랜차드 외 지음(2009), 《춤추는 고래의 실천》, 청림출판.
토드 홉킨스, 레이 힐버트(2006), 《청소부 밥》, 위즈덤하우스.
토머스 W 펠런 외(2016), 《1-2-3 매직》, 에듀니티.
팀페리스(2017), 《타이탄의 도구들》, 토네이도.
플라톤(1999), 《소크라테스의 변명》, 문예출판사.
피터 드러커(2010), 《성과를 향한 도전》, 간디서원.
할 엘로드(2016), 《미라클모닝》, 한빛비즈.
허승환(2015), 《허쌤의 학급경영 코칭》, 즐거운학교.
혜민(2017), 《멈추면 비로소 보이는 것들》, 수오서재.
호아킴 데 포사다(2018), 《바보 빅터》, 한국경제신문.
황농문(2013). 공부하는 힘. 위즈덤하우스.

### 2007년 제자들 편지선물

### 아침 일찍 깜짝 생일축하 파티

### 시쓰기 활동

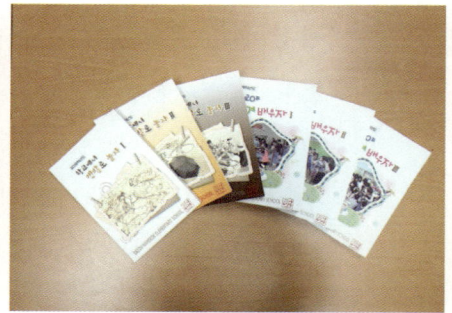

### 수업시간, 그림책 놀이

### 새벽독서

### 자유시간, 책읽는 아이

### 새벽독서반, 문학기행

### 새벽독서반, 시내 책나들이

### 새벽독서반, 방학 때 집 방문

### 동물농장 친구들

### 동물농장, 제자들과 함께

### 자유놀이 시간

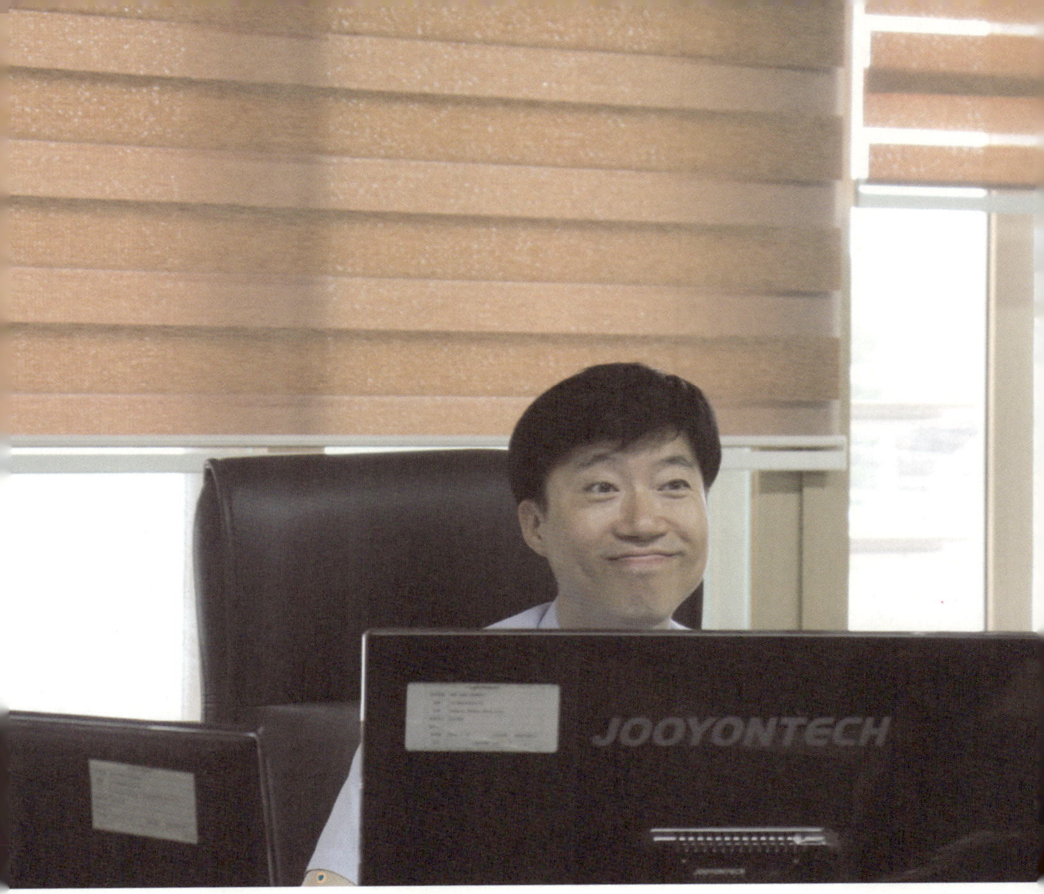
JOOYONTECH

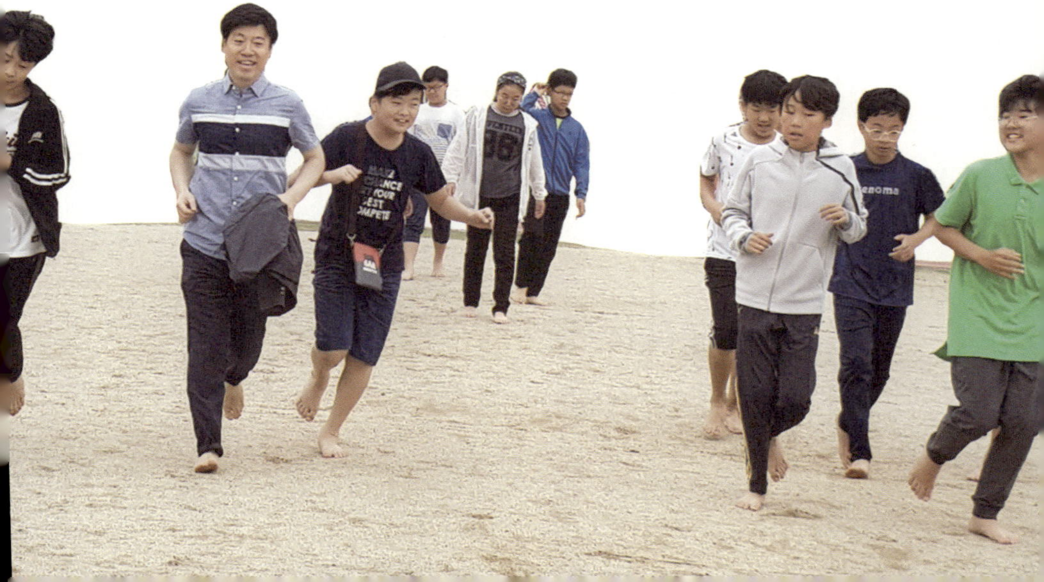